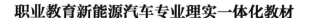

职业教育新能源汽车专业理实一体化教材

纯电动汽车辅助系统检测与修复

天津职业技术师范大学汽车职业教育研究所　组编

主　编　包丕利
副主编　周　毅　谢婉茹
参　编　台晓虹　宋建锋　邱化龙

U0361211

机械工业出版社

本书是采用"基于工作过程"的方法开发的,内容以典型工作任务为载体进行组织,主要包括电动空调系统检测与修复、其他辅助系统检测与修复两个学习情境,涵盖电动空调、电动压缩机、电动助力转向、电控制动和远程控制平台系统等内容。每个学习情境下包含若干学习单元,每个学习单元以实际工作任务导入,理论部分包含理论知识和拓展阅读,实践操作部分以北汽 EV160 车型为例。为便于理实一体化教学实施,每个学习单元配有任务工单,用于指导学生进行实践操作。

　　为方便职业院校开展一体化教学和信息化教学,本书配套了"新能源汽车专业信息化教学网络平台",借助该平台,教师可开展线上和线下教学活动,平台上为每个学习单元开发了教学设计、教学课件、任务工单、教学录像、操作视频、教学动画等丰富的教学资源。联系邮箱: 463243836@ qq. com。

　　本书适合于开设新能源汽车专业的职业院校使用,也可以供新能源汽车技术培训机构使用,同时也可作为新能源汽车从业人员的学习参考书。

图书在版编目(CIP)数据

纯电动汽车辅助系统检测与修复/包丕利主编 . —北京: 机械工业出版社,2018.3(2023.9 重印)

职业教育新能源汽车专业理实一体化教材

ISBN 978-7-111-59047-7

Ⅰ.①纯… Ⅱ.①包… Ⅲ.①电动汽车-辅助系统-故障诊断-职业教育-教材②电动汽车-辅助系统-故障修复-职业教育-教材 Ⅳ.①U469.72

中国版本图书馆 CIP 数据核字(2018)第 018629 号

机械工业出版社(北京市百万庄大街 22 号　邮政编码 100037)
策划编辑:于志伟　责任编辑:于志伟
责任校对:樊钟英　封面设计:鞠　杨
责任印制:张　博
北京中科印刷有限公司印刷
2023 年 9 月第 1 版第 6 次印刷
184mm×260mm · 9 印张 · 215 千字
标准书号:ISBN 978-7-111-59047-7
定价:39.80 元

电话服务　　　　　　　　网络服务
客服电话:010-88361066　机　工　官　网:www.cmpbook.com
　　　　　010-88379833　机　工　官　博:weibo.com/cmp1952
　　　　　010-68326294　金　书　网:www.golden-book.com
封底无防伪标均为盗版　机工教育服务网:www.cmpedu.com

职业教育新能源汽车专业理实一体化教材

编写委员会

编委会顾问

朱 军　王仁广　王 斌　张宪科　陆小珊

编委会主任

申荣卫

编委会成员

周 毅　孔 超　包丕利　何泽刚　宋建锋
台晓虹　冯勇鑫　王青斌　吕双玲　张 岩

前言

Preface

2016 年，我国新能源汽车产销规模超过 50 万辆，保有量超过 100 万辆，连续第二年居世界首位，中国新能源汽车产业已走在世界前列。2015 年，《〈中国制造 2025〉重点领域技术路线图（2015 年版）》正式发布，明确提出纯电动和插电式混合动力汽车、燃料电池汽车是我国未来在新能源汽车领域的重点发展方向。2016 年 10 月 26 日中国汽车工程学会《节能与新能源汽车技术路线图》的发布，再次为新能源汽车技术发展提出了更为明确的思路和路径。

由教育部、人力资源和社会保障部、工业和信息化部联合印发的《制造业人才发展规划指南》指出，2015 年节能与新能源汽车人才总量在 17 万人。预计到 2020 年，节能与新能源汽车人才总量将达到 85 万人，缺口 68 万人。目前，我国职业院校肩负着培养新能源汽车技术技能人才的重任。在中国汽车工程学会汽车应用与服务分会的指导下，天津职业技术师范大学汽车职业教育研究所在参与完成教育部"新能源汽车行业人才需求与职业院校专业设置指导报告"课题的基础上，组织汽车专业一线教师编写了本套系列理实一体化教材。

本系列教材采用"基于工作过程"的方法开发。在对新能源汽车技术技能人才岗位调研的基础上，分析出岗位典型工作任务，然后根据典型工作任务提炼了行动领域，在此基础上构建了工作过程系统化的课程体系。为方便职业院校开展一体化教学和信息化教学，本书配套了"新能源汽车专业信息化教学网络平台"，借助该平台，教师可开展线上和线下教学活动，平台上为每个学习单元开发了教学设计、教学课件、任务工单、教学录像、操作视频、教学动画等丰富的教学资源。

本书主要包括电动空调系统检测与修复、其他辅助系统检测与修复两个学习情境，涵盖电动空调、电动压缩机、电动助力转向、电控制动和远程控制平台系统等内容，每个学习情境包含若干学习单元。本书全部内容均在实车上进行过验证。

本书由天津职业技术师范大学包丕利担任主编，天津职业技术师范大学周毅、天津市劳动经济学校谢婉茹担任副主编，天津职业技术师范大学台晓虹和宋建锋、德州交通职业中等专业学校邱化龙参与编写。

在本书编写过程中，天津闻达天下科技有限责任公司提供了大量的设备、资金和技术支持，在此表示衷心的感谢。编写过程中参考了大量国内外相关著作和文献资料，在此一并向有关作者表示感谢。

由于编者水平有限，书中难免有错漏之处，敬请读者批评指正。

编　者

目录

Contents

学习情境 1

电动空调系统检测与修复

🔹 学习目标

➢ 能通过与客户交流、查阅相关维修技术资料等方式获取车辆信息。

➢ 能识别电动空调系统主要零部件并介绍各个部件的特点。

➢ 能正确使用电动空调制冷与暖风系统。

➢ 能对电动空调制冷系统进行拆装与检测。

➢ 能对电动空调暖风系统进行拆装与检测。

➢ 能根据环保要求，正确地处理对环境和人体有害的辅料、废气液体和损坏零部件。

 学习单元 1.1　电动空调系统的使用

 任务导入

小王在某新能源汽车4S店做销售工作，某客户想购买一款纯电动轿车，对纯电动轿车的空调系统比较关注，请你向客户介绍该款纯电动轿车空调系统的基本情况。你知道空调是如何工作的吗？电动空调使用中有什么注意事项呢？

 学习目标

1. 能够正确地向客户讲解汽车空调系统的功能、组成及工作原理。
2. 能够识别汽车空调系统的部件。
3. 能向客户讲解电动空调与传统汽车空调的区别。
4. 能够正确操作汽车空调。
5. 能向客户说明电动空调使用的注意事项。

理论知识

空调（Air Condition，缩写为A/C）即空气调节，是指在封闭的空间内，对空气温度、湿度、流速及空气的清洁度进行部分或全部调节的过程。汽车空调就是将车内空间的环境调整到对人体最适宜的状态，创造良好的劳动条件和工作环境，以提高驾驶人的劳动生产率和行车安全。汽车空调一般由制冷系统、取暖系统、配气系统、电气控制系统、通风与净化系统组成。

1.1.1　汽车空调的功能

如图1-1-1所示，汽车空调的主要功能是调节车内的温度、湿度、气流速度和空气洁净度等，从而为乘员创造清新舒适的车内环境。

1. 调节车内的温度

汽车空调在冬季利用其采暖装置升高车内的温度，在夏季利用其制冷装置降低车内温度。

2. 调节车内的湿度

普通汽车空调一般不具备这种功能，只有冷暖一体化空调才能对车内的湿度进行适量调节。它通过制冷装置冷却、去除空气中的水分，再由取暖装置升温以降低空气的相对湿度。但在汽车上目前还没有安装加湿装置，只能通过打开车窗或通风设施，靠车外

图1-1-1　汽车空调的功能

新风来调节。

3. 调节车内的空气流速

空气的流速和方向对人体舒适性影响很大。夏季，气流速度稍大，有利于人体散热降温；但过大的风速直接吹到人体上，也会使人感到不舒服。冬季，风速大了会影响人体保温，因而冬季采暖时气流速度应尽量小一些。根据人体生理特点，头部对冷比较敏感，脚部对热比较敏感，因此，在布置空调出风口时，应采取上冷下暖的方式，即让冷风吹到乘员的头部，暖风吹到乘员的脚步。

4. 过滤、净化车内的空气

由于车内空间小，乘员密度大，车内极易出现缺氧和二氧化碳浓度过高的情况。汽车发动机废气中的一氧化碳和道路上的粉尘、野外有毒的花粉都容易进入车内，造成车内空气污浊。因此汽车空调必须具有补充车外新鲜空气、过滤和净化车内空气的功能。一般汽车空调装置上都设有进风门、排风门、空气过滤装置和空气净化装置。

汽车空调的舒适性参数见表 1-1-1。

表 1-1-1　汽车空调的舒适性参数

序　号	舒适性参数	数　值
1	车内平均温度	夏季：25 ~ 28℃； 冬季：15 ~ 18℃
2	车内外温差	夏季：5 ~ 7℃； 冬季：10 ~ 12℃
3	车内空气相对湿度	30% ~ 70%
4	车内气流速度	夏季：不超过 0.5m/s； 冬季：0.15 ~ 0.2m/s
5	车内降温率	夏季：1.5℃/min
6	车内温差	垂直方向温差：2℃； 水平方向温差：1.5℃
7	车内换气量	每位乘员所需新鲜空气量：20 ~ 30m³/h； CO_2 体积浓度：不大于 0.1%
8	车内噪声	不大于 50dB（Decibel，分贝）
9	出风口的位置及风速差	出风口位置：应尽量避免直吹令人感觉不舒服的部位 各风口风速差值：不大于 2m/s

1.1.2　汽车空调制冷系统的组成及工作原理

1. 汽车空调制冷系统的组成

汽车空调制冷系统可以分为压缩机断续工作的循环离合器系统和压缩机连续运转的蒸发器压力控制系统。循环离合器系统又分为循环离合器膨胀阀系统和循环离合器孔管系统。如图 1-1-2 所示，循环离合器膨胀阀系统主要由压缩机、冷凝器、膨胀阀、蒸发器、储液干燥器、空调压力开关、制冷管路、鼓风机和冷凝器散热风扇等部件组成，制冷剂和冷冻机油在封闭的系统中循环流动。

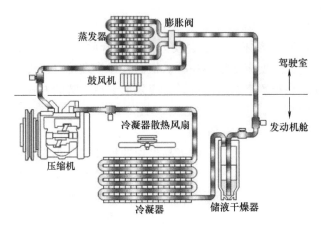

图 1-1-2 循环离合器膨胀阀系统的组成

循环离合器孔管系统如图 1-1-3 所示，主要由压缩机、冷凝器、积累器、孔管、蒸发器和冷凝器散热风扇等组成，节流装置采用孔管，过滤装置采用积累器。

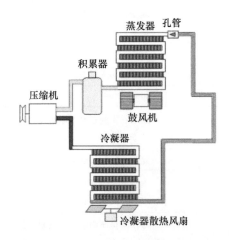

图 1-1-3 循环离合器孔管系统的组成

2. 北汽 EV160 电动空调制冷系统

北汽 EV160 电动空调制冷系统采用的是循环离合器膨胀阀系统，其结构和相对位置如图 1-1-4 及图 1-1-5 所示，和传统内燃机空调制冷系统相比主要区别就在于北汽 EV160 空调系统采用了电动压缩机。

3. 汽车空调制冷系统的工作原理

汽车空调制冷系统的工作原理如图 1-1-6 所示。压缩机运转时，将蒸发器内产生的低压低温蒸气吸入气缸，经过压缩后，形成高温高压蒸气并排入冷凝器。在冷凝器中，高温高压的制冷剂蒸气与外面的空气进行热交换，放出热量使制冷剂冷凝成高温高压液体，然后经储液干燥器干燥和过滤后流入膨胀阀。高温高压液体制冷剂经膨胀阀的节流，压力和温度急剧下降，制冷剂以低温低压的气液混合状态进入蒸发器。在蒸发器里，低温低压液体制冷剂吸取车厢内空气的热量，气化成低温低压蒸气并进入压缩机进行下一轮循环。这样，制冷剂在封闭的系统内经过压缩、冷凝、节流和蒸发四个过程，完成了一个制冷循环。

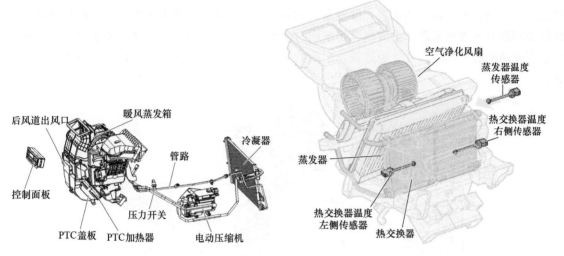

图 1-1-4　北汽 EV160 电动空调系统的组成　　　图 1-1-5　北汽 EV160 电动空调车内总成结构示意图

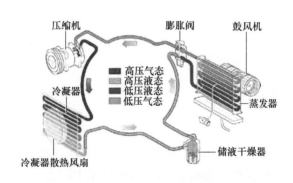

图 1-1-6　汽车空调制冷系统的工作原理

在制冷系统中，压缩机起着压缩和输送制冷剂的作用，它是整个系统的心脏。膨胀阀对制冷剂起节流降压作用，同时调节进入蒸发器制冷剂液体的流量。蒸发器是输出冷量的设备，制冷剂在其中吸收空气的热量实现降温。冷凝器是放出热量的设备，制冷剂从蒸发器中吸收的热量连同压缩机消耗机械能所转化的热量一起经冷凝器散到大气中。压缩机输出侧、高压管路、冷凝器和储液干燥器构成高压侧；蒸发器、低压管路、压缩机输入侧、低压管路和蒸发器构成低压侧。压缩机和膨胀阀是空调系统高、低压侧的分界点。

1.1.3　汽车空调取暖系统的组成及工作原理

汽车空调取暖系统的主要作用是能与蒸发器配合一起将空气调节到乘员舒适的温度；在冬季向车内提供暖气，提高车内环境温度；当车上玻璃结霜和结雾时，可以输送热风用来除霜和除雾。

1. 内燃机汽车空调取暖系统

内燃机汽车空调取暖系统有发动机余热式和独立热源式两种，大客车普遍采用独立式取暖装置，一般可使用煤油、轻柴油做燃料。轿车、载货汽车和小型客车多采用发动机余热水暖式取暖系统。发动机余热水暖式取暖系统的组成及工作原理如图 1-1-7 所示，该系统将发动机冷却液引入加热器芯，由鼓风机将车厢内或车外部空气吹过加热器芯而使之升温。水阀安装在发动机缸体出水口处，通过控制水阀的开度调节水流量的大小，可调节暖风系统的供热量。

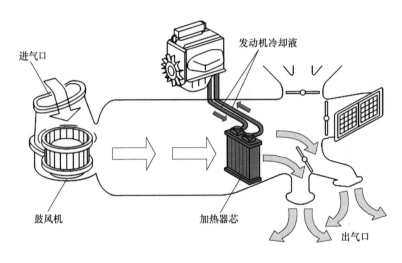

图 1-1-7　发动机余热水暖式取暖系统的组成及工作原理

2. 北汽 EV160 空调取暖系统

由于没有发动机，而且其他发热部件产生的热量不足以满足车厢内的供暖需求，纯电动汽车需要用其他热源来进行供热。北汽 EV160 采用的是 PTC 加热器的方式进行供热，其安装相对位置如图 1-1-4 及图 1-1-5 所示，PTC 加热器总成如图 1-1-8 所示。PTC 是正温度系

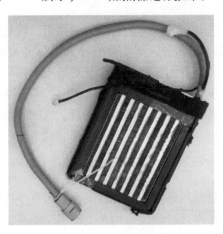

图 1-1-8　北汽 EV160PTC 加热器总成

数（Positive Temperature Coefficient）的缩写。

1.1.4　汽车空调配气系统的组成及工作原理

1. 配气系统的类型

汽车空调配气系统主要有冷暖独立式、冷暖转换式、半空调式和全空调式四种。汽车空调配气系统的类型、构成及工作原理见表 1-1-2。

表 1-1-2　汽车空调配气系统的类型、构成及工作原理

类　型	工作原理	构　成
冷暖独立式	在夏季，车内空气在鼓风机吹动下，通过蒸发器冷却后吹向车内，降低车内温度 在冬季，车内空气与车外空气混合，在鼓风机的吹送下，通过加热升温，从中、下风门输送到车内，或经上风口吹向风窗玻璃进行除霜	
冷暖转换式	当选择制冷功能时，混合空气经蒸发器冷却后吹出；当选择制热功能时，混合空气经加热器升温后由地板风口吹出 当选择除霜功能时，热风由除霜风口吹向风窗玻璃；当加热器和蒸发器全关闭时，送入车内的为自然风	
半空调式	车内循环空气和新鲜空气经风门调节混合后，先经过蒸发器冷却，后经鼓风机送入风门调节，一部分或大部分进入加热器，冷风出口不再进行调节，已经被除湿 如果不开蒸发器，送出的是暖风；若不开加热器，则送出来的是冷风；若两者都不开，则送出来的是自然风	
全空调式	也称空气混合式，即新鲜空气和车内循环空气经风门调节后，由鼓风机吹向蒸发器进行降温除湿，再经风门进入加热器加热，出来的冷气和热气混合后，按功能要求送入车内	
说明	外外气；内内气；鼓风机；风门；C蒸发器；H加热器芯	

2. 北汽 EV160 空调配气系统的组成及工作模式

北汽 EV160 电动空调系统采用的是全空调式配气系统，其组成如图 1-1-9 所示。各风门的功能见表 1-1-3。

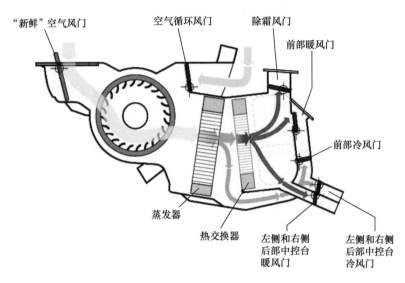

图 1-1-9　北汽 EV160 空调配气系统的组成

表 1-1-3　北汽 EV160 电动空调的工作模式

	控制开关工作位置	操　作
进气风门	弹起（不亮）	外循环：吸入新鲜空气
	按下（黄色）	内循环：再循环内部空气
模式调节	脚部/除霜	通过前除霜器和侧调风器对风窗玻璃除霜，同时从前、后放脚坑调风器风管中送出空气
	除霜器	通过前除霜器和侧调风器对风窗玻璃除霜
模式调节	脚部	空气从放脚坑调风器风管、后放脚坑调风器风管和侧调风器中吹出。此外，空气从前除霜器中轻轻吹出
	双级	空气从中央调风器、侧调风器和前后放脚坑调风器风管中送出
	面部	空气从中央调风器和侧调风器中吹出

1.1.5　汽车空调电气控制系统的组成

1. 内燃机汽车空调控制系统

汽车空调系统中的压缩机、鼓风机、冷凝器风扇和风门等部件的工作状态需要由电气控制系统进行控制，从而满足车内舒适性条件的要求。汽车空调电气控制系统主要由压缩机控制电路、鼓风机控制电路、冷凝器风扇控制电路和配气系统风门控制电路等组成。近年来，高级轿车上普遍采用了电脑自动控制，大幅度降低了人工调节的麻烦，提高了空调经济性和调节效果。

2. 北汽 EV160 电动空调控制系统

北汽 EV160 电动空调控制系统主要由电动压缩机控制电路、PTC 加热器控制电路、鼓风机控制电路、冷凝器风扇控制电路和配气系统风门控制电路等组成。

1.1.6　汽车空调通风与净化系统的组成及工作原理

车厢内存有人呼吸排出的二氧化碳、蒸发的汗液、吸烟以及从车外进入的灰尘、花粉等污染物，因此，对车厢内进行通风换气以及对车内空气进行过滤、净化是十分必要的，汽车通风和空气净化装置是汽车空调系统的重要组成部分。

1. 通风系统

将新鲜空气送进车内，取代污浊空气的过程，称为通风。汽车空调的通风方式一般有动压通风、强制通风和综合通风三种。

（1）动压通风　动压通风也称自然通风，它是利用汽车行驶时对车身外部所产生的风压为动力，在适当的地方开设进风口和排风口，以实现车内的通风换气。轿车风洞试验的车身表面压力分布如图 1-1-10 所示，车身外部大多受到负压，只有在车前及前风窗玻璃周围为正压区。进风口应设置在正风压区，并且离地面尽可能得高，以免引入汽车行驶时的扬尘。排风口则设置在汽车车厢后部的负压区，并且应尽量加大排气口的有效流通面积，提高排气效果，注意防尘、噪声以及雨水的侵入。

动压通风时，车内空气的流动情况如图 1-1-11 所示。动压通风不消耗动力，结构简单，通风效果较好。因此，轿车大都设有动压通风口。

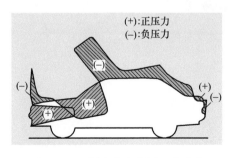

图 1-1-10　轿车车身表面压力分布

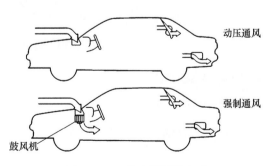

图 1-1-11　汽车的通风方式

（2）强制通风　如图 1-1-11 所示，强制通风是利用鼓风机强制将车外空气送入车厢内进行通风换气，进气口和排气口一般与自然通风的风口在相同位置。在冷暖一体化的汽车空调上，大多采用通风、供暖和制冷的联合装置，将外气与空调冷暖空气混合后送入车内。

（3）综合通风　综合通风是指一辆汽车上同时采用动压通风和强制通风。综合通风系统结构复杂，但省电，经济性好，运行成本低。特别是在春秋季节的天气，用动压通风导入凉爽的外气，以取代制冷系统工作，同样可以保证舒适性要求。这种通风方式近年来在汽车上的应用逐渐增多，丰田卡罗拉轿车采用就是这种通风方式。

2. 空气净化装置

汽车空调系统采用的空气净化装置通常有空气过滤式和静电集尘式两种。

（1）空气过滤式净化装置　如图 1-1-12 所示，空气过滤式净化装置是在空调系统的进风口处设置空气过滤器，滤除空气中的灰尘和杂物。其结构简单，只需定期清理过滤网上的灰尘和杂物，广泛用于各种汽车空调系统中。北汽 EV160 电动空调系统采用空气过滤式净化装置。

（2）静电集尘式空气净化装置　如图 1-1-13 所示，静电集尘式空气净化装置是在空气进口的过滤器后再设置一套静电集尘装置或单独安装一套用于净化车内空气的静电除尘装置。它具有过滤、除臭、杀菌和产生负氧离子的作用，空气清洁度很高。粗滤器用于过滤大颗粒的杂质。静电集尘器则以静电集尘方式吸附微小的颗粒和尘埃。除臭装置一般采用活性炭过滤器、纤维式或滤纸式空气过滤器来吸附烟尘和臭气等有害气体。负离子发生器供给负氧离子。静电集尘式空气净化装置结构复杂、成本高，只用于高级轿车和旅行车上。

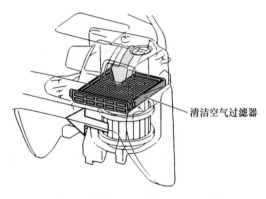

清洁空气过滤器

图 1-1-12　空气过滤式净化装置

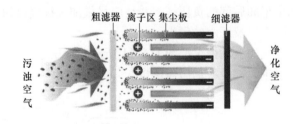

图 1-1-13　静电集尘式空气净化装置

1.1.7　北汽 EV160 空调系统的使用

1. 空调控制面板

空调控制面板如图 1-1-14 所示，可以通过各个按键或旋钮来调整空调工作模式，并在液晶显示屏上显示。

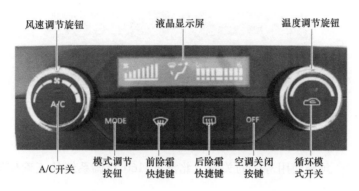

图 1-1-14　北汽 EV160 空调控制面板

（1）风速调节旋钮　增减出风口风速。

（2）A/C 开关　控制空调制冷功能开启与关闭。按下此开关发出制冷请求后，空调开关指示灯点亮。

（3）模式调节按钮　调节出风方向。可根据需要调整出风方向：仅面部、仅脚部、面部及脚部、脚部及除霜、仅除霜五种，选择后在液晶显示屏上显示。

（4）前除霜快捷键　按下此开关，出风模式将快速切换到前除霜模式，再按一次则退出前除霜模式并自动恢复到上次工作状态。

（5）后除霜快捷键　按下此开关，后除霜模式启动。当除霜器工作时，开关上的指示灯点亮，除霜器关闭时，指示灯熄灭。后窗加热仅在起动开关置于"ON"位置时可工作，并在约 15min 后自动关闭。

（6）空调关闭按键　按下 OFF 后，空调系统所有执行机构停止工作，液晶屏无显示。后除霜、内外循环两项功能可在空调关闭条件下实现相应功能。

（7）循环模式开关　开关上的黄色指示灯点亮，表示与图标相符，为内循环模式；开关上的黄色指示灯熄灭，表示与图标不符，为外循环模式。在启动制冷或制热功能后，循环模式自动切换到内循环状态，以保证快速降温或升温，此时可手动改变循环模式。

（8）温度调节旋钮　改变出风温度。旋钮调至热区时，自动开启电加热器；仅在旋钮调至冷区时，可支持开启电动制冷系统。

（9）液晶显示屏　从左到右，分别显示风速档位、出风模式和温度状态。

2. 面部通风口的调节

面部通风口调节位置如图 1-1-15 所示，包括风向和风量调节两部分。

（1）左右、上下调节　通过移动在百叶片中心的连杆来调整风向，向上或向下，向左或向右。

（2）通风口风量调节　旋转外部调节旋钮调节对应吹面出风口风量的大小。

1.1.8　北汽 EV160 空调系统使用的注意事项

北汽 EV160 空调的操纵使用比较方便，但如果使用不当，会对空调性能及寿命、汽车续驶里程、乘员的舒适性有很大的影响。正确地使用空调是保证其发挥最大效率的必要条

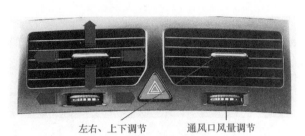

左右、上下调节　　通风口风量调节

图 1-1-15　空调面部通风口调节功能

件，也是节约能源、延长使用寿命的关键。北汽 EV160 空调系统的正确使用包括下述几个方面：

1）使用空调时建议保持车窗和天窗关闭。

2）当鼓风机关闭或温度接近 0℃时，空调不能制冷。

3）当鼓风机关闭时，空调不能制热。

4）当温度显示条置于中央位置时，空调停止制冷及加热功能。

5）空调系统的运转增加了额外的电能消耗。在动力电池 SOC 显示较低时，建议减少空调的使用以尽量增加汽车的续驶里程。

6）在湿度较高的情况下，当开启空调系统时，车窗可能有轻微的起雾现象。这不属于故障，在空调系统运行几秒钟后，起雾现象将会消失。

7）当系统处于内循环模式时，如果发生风窗玻璃起雾现象，应立刻关闭内循环。

8）为尽快使风窗玻璃除霜或除雾，建议在需要除霜时开启加热功能，在需要除雾时开启制冷功能。

 单元小结

1. 汽车空调的主要功能是调节车内的温度、湿度、气流速度和空气洁净度等，从而为乘员创造清新舒适的车内环境。

2. 循环离合器膨胀阀系统主要由压缩机、冷凝器、膨胀阀、蒸发器、储液干燥器、空调压力开关、制冷管路、鼓风机和冷凝器散热风扇等部件组成。

3. 制冷剂在封闭的系统内经过压缩、冷凝、节流和蒸发四个过程，完成了一个制冷循环。

4. 由于没有发动机，而且其他发热部件产生的热量不足以满足车厢内的供暖需求，纯电动汽车需要用其他热源来进行供热。北汽 EV160 采用的是 PTC 加热器的方式进行供热。

任务工单1.1

任务名称	电动空调系统的使用	学时	4	班级	
学生姓名		学生学号		任务成绩	
实训设备、工具及仪器	多媒体教学设备 1 套、北汽 EV160 纯电动汽车 4 辆（或空调实训台 4 台）。	实训场地	理实一体化教室	日期	
客户任务描述	一辆北汽 EV160 纯电动汽车，给客户演示 EV160 电动空调的使用方法。				
任务目的	能够正确、规范地对纯电动汽车电动空调使用操作。				

一、资讯

1. 汽车空调的主要功能是调节车内的＿＿＿＿＿＿＿＿、＿＿＿＿＿＿＿＿＿、＿＿＿＿＿＿＿＿和空气洁净度等，从而为乘员创造清新舒适的车内环境。

2. 循环离合器膨胀阀系统主要由＿＿＿＿＿＿＿＿＿、＿＿＿＿＿＿＿＿＿＿、＿＿＿＿＿＿＿＿＿、蒸发器、＿＿＿＿＿＿＿＿＿、空调压力开关、＿＿＿＿＿＿＿＿＿、鼓风机和冷凝器散热风扇等部件组成，制冷剂和＿＿＿＿＿＿＿＿＿在封闭的系统中循环流动。

3. 压缩机运转时，将＿＿＿＿＿＿＿＿＿＿内产生的低温低压蒸气吸入气缸，经过压缩后，形成高温高压蒸气并排入＿＿＿＿＿＿＿＿＿＿。在冷凝器中，高温高压的制冷剂蒸气与＿＿＿＿＿＿＿＿＿＿进行热交换，放出＿＿＿＿＿＿＿＿＿＿使制冷剂冷凝成高温高压液体，然后经＿＿＿＿＿＿＿＿＿＿干燥和过滤后流入＿＿＿＿＿＿＿＿＿＿。高温高压液体制冷剂经膨胀阀＿＿＿＿＿＿＿＿＿，＿＿＿＿＿＿＿＿＿＿急剧下降，制冷剂以低温低压的＿＿＿＿＿＿＿＿＿＿进入蒸发器。在蒸发器里，＿＿＿＿＿＿＿＿＿＿吸取车厢内空气的＿＿＿＿＿＿＿＿＿，气化成低温低压蒸气并进入压缩机进行下一轮循环。这样，制冷剂在封闭的系统内经过＿＿＿＿＿＿＿＿＿、冷凝、＿＿＿＿＿＿＿＿＿和＿＿＿＿＿＿＿＿＿四个过程，完成了一个制冷循环。

4. 在制冷系统中，＿＿＿＿＿＿＿＿＿起着压缩和输送制冷剂的作用，它是整个系统的心脏。膨胀阀对制冷剂起＿＿＿＿＿＿＿＿＿作用，同时调节进入＿＿＿＿＿＿＿＿＿制冷剂液体的流量。＿＿＿＿＿＿＿＿＿是输出冷量的设备，制冷剂在其中吸收空气的热量实现降温。＿＿＿＿＿＿＿＿＿是放出热量的设备，制冷剂从蒸发器中吸收的热量连同压缩机消耗机械能所转化的热量一起经冷凝器散到＿＿＿＿＿＿＿＿＿中。压缩机输出侧、高压管路、＿＿＿＿＿＿＿＿＿和＿＿＿＿＿＿＿＿＿构成高压侧；＿＿＿＿＿＿＿＿＿、低压管路、压缩机输入侧、低压管路和蒸发器构成低压侧。＿＿＿＿＿＿＿＿＿和＿＿＿＿＿＿＿＿＿是空调系统高、低压侧的分界点。

5. 对图中未标注名称的给予标注。

1：＿＿＿＿＿＿＿＿＿，2：＿＿＿＿＿＿＿＿＿，3：＿＿＿＿＿＿＿＿＿，4：＿＿＿＿＿＿＿＿＿，

5：＿＿＿＿＿＿＿＿＿，6：＿＿＿＿＿＿＿＿＿。

6. 北汽 EV160 采用的是_____的方式进行供热。

7. 填表。

	图　表	定　义
模式调节		

二、计划与决策

请根据任务要求，确定所需要的检测仪器、工具，并对小组成员进行合理分工，制订详细的工作计划。

1. 需要的检测仪器、工具

2. 小组成员分工

3. 计划

三、实施

1. 北汽 EV160 空调使用

1）铺设三件套。

2）上电。车钥匙打到_____位置，观察仪表盘是否显示_____。

3）打开空调。

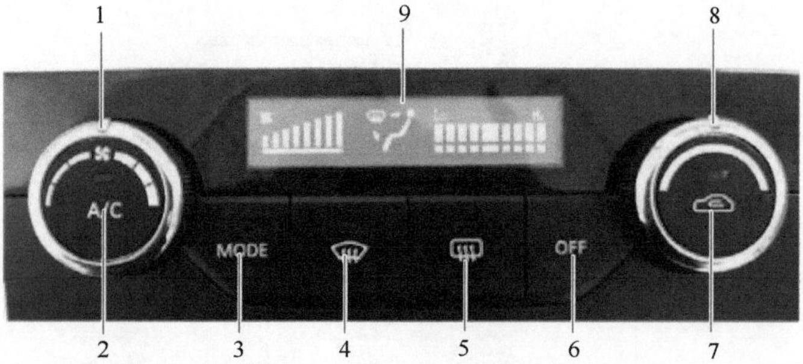

按动 ＿＿＿＿＿＿＿＿（填数字），打开空调，此时鼓风机＿＿＿＿＿＿＿＿＿＿＿＿＿＿＿。

4）使用空调。

旋转 ＿＿＿＿＿＿＿＿（填数字），将风量调到最大。

旋转 ＿＿＿＿＿＿＿＿（填数字），将温度调到最大/最小。

观察仪表盘电流，其读数为：＿＿＿＿＿＿＿＿＿＿＿＿＿＿。

按动 ＿＿＿＿＿＿＿＿（填数字），将出风模式调整为仅面部。

用手背感受出风口温度 ＿＿＿＿＿＿＿＿＿＿＿＿＿（填热风或凉风）。

按动 ＿＿＿＿＿＿＿＿（填数字），关闭空调所有执行机构。

按动 ＿＿＿＿＿＿＿＿（填数字），将空调选择为内循环模式，感受空调＿＿＿＿＿＿＿（填是/否）工作。

5）关闭空调。按动＿＿＿＿＿＿＿＿（填数字），关闭空调，此时鼓风机＿＿＿＿＿＿＿＿＿＿＿＿＿。

2. 北汽 EV160 空调使用注意事项

1）＿＿＿。

2）＿＿＿。

3）＿＿＿。

4）＿＿＿。

四、检查

1）在对使用北汽 EV160 电动空调的过程中，操作不规范的地方有：＿＿＿＿＿＿＿＿＿＿＿＿＿＿

＿＿＿

＿＿＿。

2）打开空调检查各出风口是否有冷风/暖风：＿＿＿＿＿＿＿＿＿＿＿＿＿＿＿＿＿＿＿＿＿＿＿。

五、评估

1. 请根据自己任务完成的情况，对自己的工作进行自我评估，并提出改进意见。

1）＿＿＿

＿＿＿

2）＿＿＿

＿＿＿

3）＿＿＿

2. 工单成绩（总分为自我评价、组长评价和教师评价得分值的平均值）

自我评价	组长评价	教师评价	总分

学习单元1.2 电动空调系统的拆装

任务导入

　　小王在某新能源汽车4S店做汽车维修工，电动空调系统不工作，经检查是电动压缩机损坏，需要更换电动压缩机，请问你知道电动压缩机的更换步骤吗？电动压缩机更换过程中有什么注意事项呢？

学习目标

1. 能够迅速找到电动空调系统各零部件的安装位置。
2. 能够向客户讲解电动压缩机的工作原理。
3. 能够向客户讲解膨胀阀、冷凝器等的工作原理。
4. 能够完成电动压缩机、冷凝器等的拆卸与装配作业。
5. 能够按照环保要求和车间规定，正确处理空调制冷系统废旧零部件。

理论知识

1.2.1　汽车空调压缩机

　　压缩机的作用是压缩和输送制冷剂，把来自蒸发器的低温低压制冷剂蒸气吸入气缸，压缩形成高温高压蒸气并排入冷凝器，它是整个空调制冷系统的心脏。

1. 压缩机的类型

空调压缩机种类较多，其类型如图1-2-1所示。

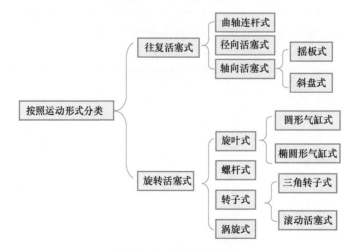

图1-2-1　压缩机的类型

压缩机根据运动形式通常可以分为旋转活塞式和往复活塞式两大类，其中往复活塞式又可以根据活塞的种类分为曲轴连杆式、轴向活塞式和径向活塞式三种，旋转活塞式又可以分为旋叶式、转子式、螺杆式和涡旋式四种。也可以根据压缩机的工作容量是否变化将其分为定容量式和变容量式两大类。

目前，在汽车上应用比较广泛的有摇板式、斜盘式、旋叶式和涡旋式等，其中摇板式和斜盘式可以比较方便地做成变容量压缩机。

2. 常见压缩机的结构和工作原理

（1）摇板式压缩机的结构和工作原理　摇板式压缩机的工作原理如图1-2-2所示，气缸以压缩机的轴线为中心均匀分布，主轴旋转时，带动楔块一起旋转，楔块推动摇板以钢球为中心摆动，摇板带动活塞在气缸内做往复运动。主轴每转动一周，每一个气缸完成压缩、排气、膨胀、吸气的一个循环。一般一个摇板配有五个活塞，主轴转动一周时，就有五次排气过程。三电公司摇板式压缩机的结构如图1-2-3所示。

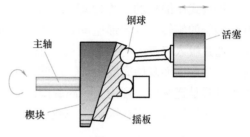

图1-2-2　摇板式压缩机的工作原理

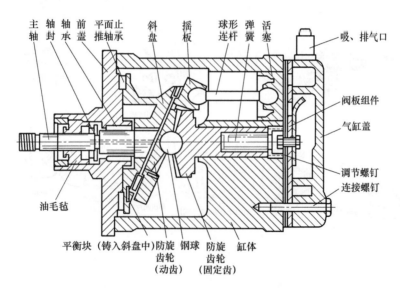

图1-2-3　三电公司摇板式压缩机的结构

（2）斜盘式压缩机的结构和工作原理　斜盘式压缩机的工作原理如图1-2-4所示，前后布置的两组气缸均以压缩机主轴为中心均匀布置，斜盘以一定角度与主轴固定在一起，斜盘的边缘装在活塞中部的槽中，活塞槽与斜盘边缘通过钢球轴承连接在一起，活塞为双向活塞，两端分别伸入前后两个气缸中。当主轴带动斜盘转动时，斜盘驱动活塞做轴向移动，由于活塞在前后布置的气缸中同时做轴向运动，这相当于两个活塞在做双向运动。斜盘每转动一周，前后两个活塞各自完成吸气、压缩、排气、膨胀过程，相当于两个工作循环。如果缸体截面均布5个气缸和5个双向活塞时，当主轴旋转一周，有10次排气过程。斜盘式压缩机的结构如图1-2-5所示。

（3）涡旋式压缩机的结构和工作原理　北汽EV160空调压缩机采用的是电动涡旋式压缩机，其结构如图1-2-6所示，主要由高低压插件、驱动控制模块、直流无刷电机和涡旋式压缩机组成。涡旋式压缩机由固定涡管和旋转涡管组成，两涡管相切，相互啮合形成一组月牙形空间。

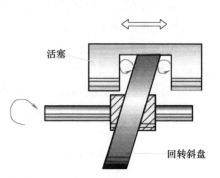

图1-2-4　斜盘式压缩机的工作原理

涡旋式压缩机的工作原理如图1-2-7所示，随着旋转涡管的旋转，月牙形空间逐步移动，容积越来越小，通过吸入口吸入的制冷剂被压缩，直至从排出孔排除。如此周而复始完成吸气、压缩、排气工作过程，整个过程是连续的。理论上，涡旋圈的圈数越多，动作越平稳，效率越高。实际应用中，为了防止过压缩和受直径限制，一般汽车空调涡旋式压缩机涡旋圈数为2.5～3圈。

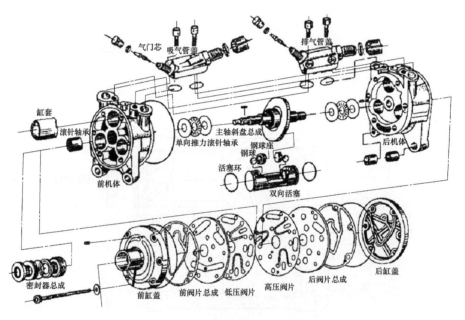

图1-2-5　斜盘式压缩机的结构

1.2.2　冷凝器

冷凝器的作用是把压缩机排出的高温高压气态制冷剂，通过冷凝器将热量散发到车外空气中，变成高温高压的液态制冷剂。冷凝器的安装位置如图1-2-8所示，大多布置在车头前部、侧面或车底，安装在散热器前面，或与散热器安装在同一垂直平面上。冷凝器有管片式、管带式及平行流式三种结构形式。

1. 管片式冷凝器

管片式冷凝器的结构如图1-2-9所示，由管和散热片组成。它是用胀管法将铝翅片胀紧在紫铜管上，管的端部用U形弯头焊接起来。管片式冷凝器散热效率较低，制造工艺简单，一般用在大中型客车的制冷装置上。

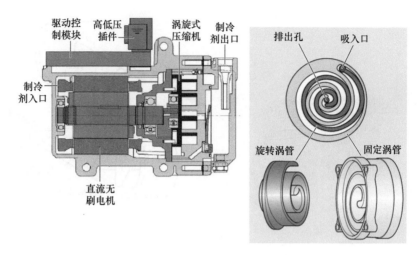

图 1-2-6　北汽 EV160 电动涡旋式压缩机的结构

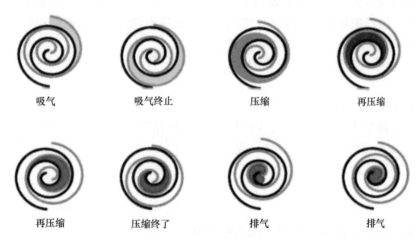

图 1-2-7　涡旋式压缩机的工作原理

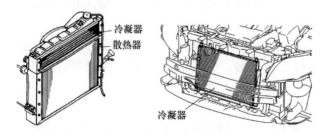

图 1-2-8　冷凝器的安装位置

2. 管带式冷凝器

管带式冷凝器的结构如图 1-2-10 所示，它由管和散热带组成。它是将扁平管弯成蛇形管，在其中安置散热带，然后在真空加热炉中将管带间焊好。这种冷凝器的传热效率比管片式可提高 15% ~ 20%，一般用在小型汽车的制冷装置上。

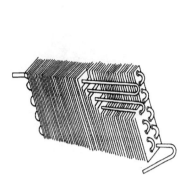

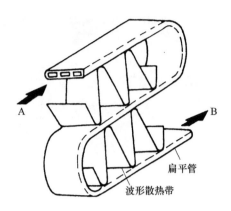

图1-2-9　管片式冷凝器　　　　图1-2-10　管带式冷凝器

3. 平行流式冷凝器

平行流式冷凝器的结构如图1-2-11所示，也是一种管带式结构。它由圆筒集流管、铝制内肋扁平管、波形散热翅片及连接管组成。在两条集流管间用多条扁管相连，并用隔片隔成若干组，进口处管道多，逐渐减少每组管道数。实现了冷凝器内制冷剂温度及流量分配均匀，提高了换热效率，降低了制冷剂在冷凝中的压力损耗。与管带式相比较，其放热性能提高了30%～40%，通路阻力降低了25%～33%，内容积减少了20%，大幅度地提高了其放热性能，是目前较先进的汽车空调冷凝器。

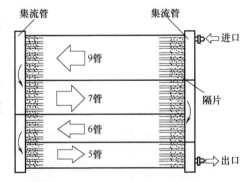

图1-2-11　平行流式冷凝器的结构

1.2.3　蒸发器

蒸发器的作用是让低温低压液态制冷剂在其管道中吸热蒸发，使蒸发器和周围空气的温度降低。蒸发器通常装在仪表板后的风箱内，有管片式、管带式和层叠式三种结构。

1. 管片式蒸发器

管片式蒸发器的结构如图1-2-12所示，它由铜质或铝质圆管套上铝翅片组成，经胀管工艺使铝翅片与圆管紧密接触。管片式蒸发器结构简单、加工方便，但其换热效率较差。

2. 管带式蒸发器

管带式蒸发器的结构如图1-2-13所示，它由多孔扁管与蛇形散热铝带焊接而成。管带式蒸发器工艺比管片式复杂，换热效率比管片式提高了10%左右。

3. 层叠式蒸发器

层叠式蒸发器的结构如图1-2-14所示，它由两片冲成复杂形状的铝板叠在一起组成制冷剂通道，每两片通道之间夹有蛇形散热铝带。这种蒸发器加工难度最大，但其换热效率也最高，结构也最紧凑，应用比较广泛。

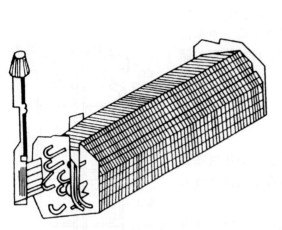

图 1-2-12　管片式蒸发器

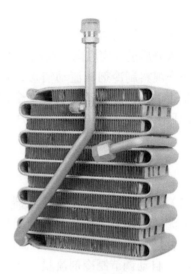

图 1-2-13　管带式蒸发器

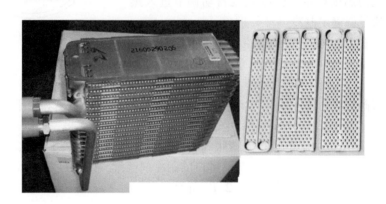

图 1-2-14　层叠式蒸发器及板片

1.2.4　储液干燥器

1. 储液干燥器的作用

储液干燥器串联在冷凝器与膨胀阀之间的管路上，它起到储存、干燥和过滤制冷剂中杂质的作用。

（1）储存　储存液化后的高压液态制冷剂，根据制冷负荷的大小需要，随时供给蒸发器，同时还可补充制冷系统因微量渗漏的损失量。

（2）干燥　防止水分在制冷系统中造成冰堵。水分主要来自新添加的润滑油和制冷剂中所含的微量水分。当这些水分通过节流装置时，水分容易凝结成冰，堵塞系统。

（3）过滤　过滤制冷系统中的杂质。制冷系统在制造维修时，会带入一些杂物；制冷剂和水混合后，腐蚀金属也会产生一些杂质。这些杂质容易使系统堵塞，同时加剧压缩机的磨损。

2. 储液干燥器的结构和工作原理

储液干燥器的结构如图 1-2-15 所示。从冷凝器来的液态制冷剂，经滤网和干燥剂除去杂质和水分后进入膨胀阀。在储液干燥器上方的观察窗，可以用来观察制冷剂的流动情形，从而判断系统中制冷剂量是否正常。为了保证系统安全工作，目前使用的储液干燥器上都安装了高、低压保护开关。

1.2.5 膨胀阀

1. 膨胀阀的作用及分类

（1）节流降压 它使从冷凝器来的高温高压液态制冷剂节流降压成为容易蒸发的低温低压雾状制冷剂进入蒸发器，是制冷剂高压侧和低压侧的分界点。

（2）自动调节制冷剂流量 由于制冷负荷的改变以及压缩机转速的改变，要求制冷剂流量应做出相应的改变，以保持车室内温度稳定。膨胀阀能自动调节进入蒸发器的制冷剂流量以满足制冷循环要求。

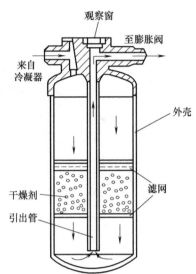

图 1-2-15 储液干燥器的结构

（3）防止液击和过热 膨胀阀控制制冷剂流量，防止制冷剂过多而使液态制冷剂进入压缩机而造成液击现象，同时又能防止制冷剂过少而使制冷系统过热。

常用的膨胀阀有热力膨胀阀和 H 形膨胀阀，热力膨胀阀有外平衡和内平衡两种形式。

2. 内平衡式热力膨胀阀的结构及工作原理

如图 1-2-16 所示，内平衡式热力膨胀阀安装在蒸发器的进口管上，感温包安装在蒸发器的出口管上，根据蒸发器出口温度调整进口的制冷剂流量，以满足蒸发器热负荷变化的需要。内平衡式热力膨胀阀的外形如图 1-2-17 所示。

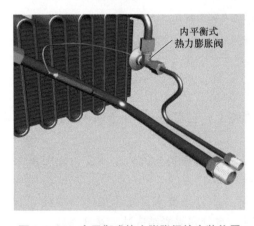

图 1-2-16 内平衡式热力膨胀阀的安装位置

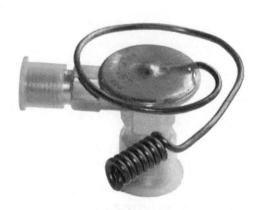

图 1-2-17 内平衡式热力膨胀阀的外形

内平衡式热力膨胀阀的结构如图 1-2-18 所示，感温包内充注制冷剂，与膜片上方通过毛细管相连，感受蒸发器出口温度的变化，膜片下方通过内平衡孔与膨胀阀进口相通，感受进口制冷剂压力。如果空调负荷增加，蒸发器出口的温度升高，感温包内的气体压力上升，使阀门的开度加大，制冷剂的流量增加。反之，空调负荷减小时，制冷剂的流量随之减小。

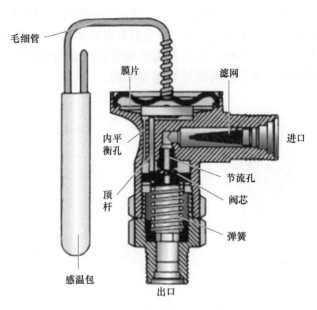

图 1-2-18　内平衡式热力膨胀阀的结构

3. 外平衡式热力膨胀阀的结构及工作原理

外平衡式热力膨胀阀的外形和结构如图 1-2-19 和图 1-2-20 所示，其安装位置和工作原理与内平衡式热力膨胀阀基本相同，区别是：膜片下面通过外平衡管与蒸发器出口相通，感受出口制冷剂压力。

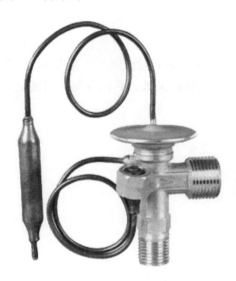

图 1-2-19　外平衡式热力膨胀阀的外形

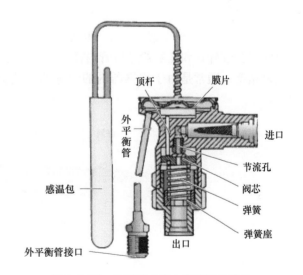

图 1-2-20　外平衡式热力膨胀阀的结构

4. H 形膨胀阀的结构及工作原理

H 形膨胀阀是一种整体形膨胀阀，其外形及结构如图 1-2-21 和图 1-2-22 所示，它取消了外平衡式膨胀阀的外平衡管和感温包，直接与蒸发器进出口相连。其内部通路形同 H，有

23

4 个接口,其中两个接口和普通膨胀阀一样,一个接储液干燥器出口,另一个接蒸发器进口;另外两个接口,一个接蒸发器出口,另一个接压缩机进口。膜片下面的感温元件处在从蒸发器出口到压缩机入口的制冷剂气流中,感受蒸发器温度,从而调整进入蒸发器的制冷剂量。特点是感应温度不受环境影响,不存在因毛细管而造成的时间滞后,提高了调节灵敏度。北汽 EV160 电动空调系统膨胀阀就是 H 形膨胀阀。

图 1-2-21 H 形膨胀阀的外形

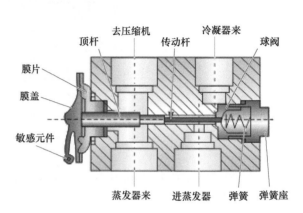

图 1-2-22 H 形膨胀阀的结构

1.2.6 孔管

孔管是一种固定孔口的节流装置,直接安装在冷凝器出口和蒸发器进口之间。其结构如图 1-2-23 所示,一根细铜管装在一根塑料套管内,塑料套管外环形槽内装有密封圈,用来密封塑料套管外径和蒸发器进口管内径间配合间隙。孔管两端装有过滤网。孔管失效的主要原因是堵塞,通常是由于积累器内的干燥剂失效引起。孔管若失效,不能维修,只能进行更换。

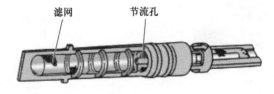

图 1-2-23 孔管

1.2.7 积累器

由于孔管不能调节流量,液体制冷剂很可能流出蒸发器而进入压缩机,造成压缩机液击。为此,必须同时在蒸发器出口和压缩机进口之间,安装一个积累器,实现液、气分离,避免压缩机发生液击。

积累器起到储液、干燥和过滤的作用。积累器的结构如图 1-2-24 所示,其主要功能是使制冷剂气液分离，储存过多的液态制冷剂，防止液态制冷剂液击压缩机。制冷剂从集液器上部进入，液态制冷剂落入容器底部，气态制冷剂经上部出气管进入压缩机。在容器底部，出气管回弯处装有特殊过滤材料制成的过滤器，其上有泄油孔，允许积存在管弯处的冷冻油返回压缩机，但液体制冷剂不能通过。

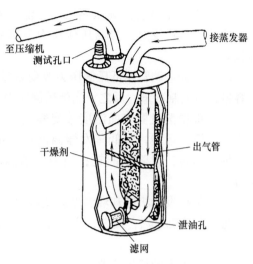

图1-2-24　积累器

1.2.8　旋叶式压缩机

旋叶式压缩机的气缸有圆形和椭圆形两种。圆形气缸的结构如图1-2-25所示，缸内偏心安装一个转子，转子上装有叶片。转子转动时，在离心力和油压作用下，叶片从槽中伸出，压在缸壁上，把气缸分成几个隔腔。当转子旋转时，隔腔的工作容积周期性扩大和缩小，空间位置不断发生变化，将制冷剂从吸气口吸入，压缩后从排气口排出。该压缩机基本上无余隙容积，其工作过程一般只有进气、压缩、排气三个过程。旋叶式压缩机没有进气阀，排气阀可根据需要来设置。对于双叶片式压缩机，有两个隔腔，主轴每旋转一圈，即有二次排气过程。叶片越多，压缩机的排气脉冲越小。椭圆形气缸的结构如图1-2-26所示，气缸与转子同心安装，有两组进、排气口。如果有两只叶片，主轴每旋转一圈，有四次进、排气过程。

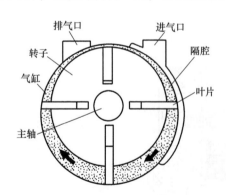

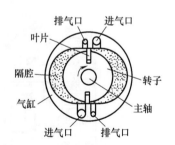

图1-2-25　圆形气缸旋叶式压缩机的结构　　图1-2-26　椭圆形气缸旋叶式压缩机的结构

1.2.9　变容量压缩机

定容量压缩机的排气量随着发动机转速的升高而增大，不能根据制冷的需求而自动改变功率输出，而且增大了发动机油耗。变容量压缩机根据空调系统制冷负荷的大小，改变压缩机容量，实现不同工况下压缩机制冷量和功耗的匹配。

1. 变容量压缩机的控制策略

空调系统一般根据空调管路高压侧压力、低压侧压力、蒸发器表面温度、发动机冷却液温度或发动机转速等信号改变压缩机容量。

（1）根据空调管路高压侧压力、低压侧压力改变容量　当空调管路高压侧压力过高时，降低容量；反之，当高压侧压力下降到一定值，低压侧压力升高到一定值时，增大容量。

（2）根据空调管路低压侧压力改变容量　当空调管路低压侧压力升高到一定值时，增大容量，增大制冷量；反之，当低压侧压力下降到一定值时，减小容量，降低功耗。

（3）根据蒸发器表面温度改变容量　当蒸发器温度大于某一值（40℃）时，压缩机按全容量模式运转，降低蒸发器温度；当蒸发器表面温度低于某一值（40℃）时，按半容量模式运转，以降低能耗；当蒸发器温度低于3℃时，压缩机停止运转，防止损坏压缩机。

（4）根据发动机冷却液温度改变容量　当冷却液温度过高时，压缩机按半容量模式运转，防止发动机过热；反之，当冷却液低于某一值时，压缩机按全容量模式运转，满足制冷需要。

（5）根据发动机转速改变容量　当发动机转速过高时，降低容量，减小制冷量，降低功耗。

2. 变容量空调压缩机的结构及工作原理

如图 1-2-27 所示，是连续变容量摇板式压缩机，其容量可以根据空调的制冷负荷进行调节。在该压缩机的结构中曲柄室与吸气通道相连，电磁控制阀安装在吸气通道和排放通道之间。根据空调放大器的信号，电磁控制阀以占空比控制的方式调节压缩机的容量。

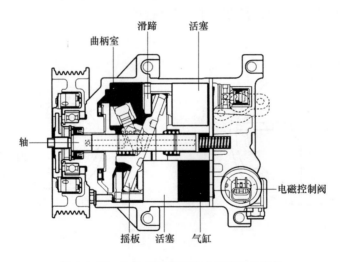

图 1-2-27　连续变容量摇板式压缩机的结构

如图 1-2-28a 所示，电磁控制阀通电闭合时，曲柄室内的压力降低，作用在活塞右侧的压力高于作用在活塞左侧的压力。这样就会压缩弹簧并倾斜摇板，活塞行程和容量增加。如图 1-2-28b 所示，电磁控制阀断电打开时，曲柄室内的压力升高，作用在活塞左侧的压力与作用在活塞右侧的压力相同。因此，弹簧伸长且消除摇板的倾斜，活塞行程和容量减少。

　　由于电动压缩机是高压部件，在进行电动压缩机的拆装时要先进行整车下电作业，保证电动压缩机断电。

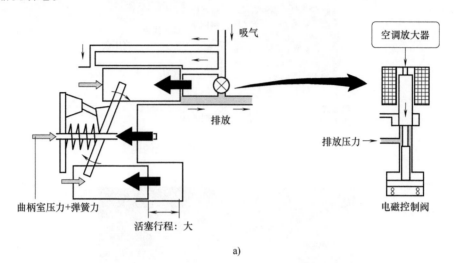

a)

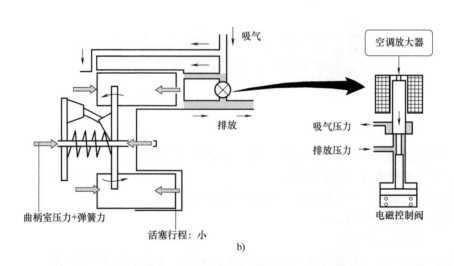

b)

图 1-2-28　连续变容量摇板式压缩机的工作原理

a）电磁控制阀通电闭合时　b）电磁控制阀断电打开时

1.2.10　北汽 EV160 空调压缩机的拆装

1. 电动空调压缩机的连接

　　北汽 EV160 电动压缩机高、低压线束连接及制冷剂进、出口如图 1-2-29 所示，其中在部分车型上高、低压插接件在驱动控制模块的上方，部分车型上安装在驱动控制模块的前面，如图 1-2-30 所示。

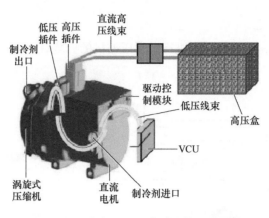

图 1-2-29 北汽 EV160 电动压缩机的连接

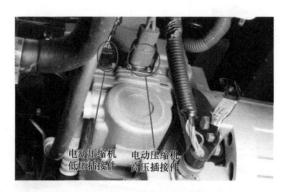

图 1-2-30 北汽 EV160 电动压缩机高低压插接件

2. 电动压缩机的拆装

进行拆装之前要保证作业场所通风良好并配置灭火设备。

1）按规范步骤进行整车下电操作。

2）用制冷剂加注一体机进行制冷剂和冷冻油回收作业。

3）拔下低压插接件插头。

4）拔下高压插接件插头。

5）松开压缩机进气管螺母并迅速将进气管口密封，防止空气进入进气管。

6）松开压缩机排气管螺母并迅速将排气管口密封，防止空气进入排气管。

7）松开三个压缩机固定螺栓。

8）取下压缩机。

9）更换新的压缩机后按规定力矩拧紧压缩机固定螺栓。

10）迅速取下新压缩机上进气口密封罩和进气管口密封罩。

11）安装进气管螺母并按规定力矩拧紧。

12）迅速取下新压缩机上排气口密封罩和排气管口密封罩。

13）安装排气管螺母并按规定力矩拧紧。

14）插上高压线束插头。

15）插上低压线束插头。

1.2.11　北汽 EV160 空调冷凝器的拆装

进行空调冷凝器拆装之前要保证作业场所通风良好并配置灭火设备。

北汽 EV160 冷凝器拆装步骤为：

1）用制冷剂加注一体机进行制冷剂和冷冻油回收作业。

2）松开冷凝器进气管螺母并迅速将进气管口密封，防止空气进入进气管。

3）松开冷凝器排气管螺母并迅速将排气管口密封，防止空气进入排气管。

4）松开冷凝器固定螺栓。

5）取下冷凝器。

6）更换新冷凝器后按规定力矩拧紧冷凝器固定螺栓。

7）迅速取下冷凝器上进气口密封罩和进气管口密封罩。

8）安装进气管螺母并按规定力矩拧紧。

9）迅速取下新冷凝器上排气口密封罩和排气管口密封罩。

10）安装排气管螺母并按规定力矩拧紧。

注意事项：在拆卸和安装冷凝器时不要弯折、扭曲冷凝器翅片，以免影响换热效果。

 单元小结

1. 摇板式压缩机主轴每转动一周，每一个气缸完成压缩、排气、膨胀、吸气的一个循环。一般一个摇板配有五个活塞，主轴转动一周时，就有五次排气过程。

2. 斜盘每转动一周，前后两个活塞各自完成吸气、压缩、排气、膨胀过程，相当于两个工作循环。如果缸体截面均布五个气缸和五个双向活塞时，当主轴旋转一周，有 10 次排气过程。

3. 北汽 EV160 空调压缩机采用的是电动涡旋式压缩机，主要由高低压插件、驱动控制模块、直流无刷电机和涡旋式压缩机组成。

4. 储液干燥器串联在冷凝器与膨胀阀之间的管路上，它起到储存、干燥和过滤制冷剂中杂质的作用。

5. 膨胀阀的作用有节流降压、自动调节制冷剂流量、防止液击和过热。

任务工单 1.2

任务名称	电动空调系统的拆装		学时	4	班级	
学生姓名			学生学号		任务成绩	
实训设备、工具及仪器	多媒体教学设备 1 套、北汽 EV160 纯电动汽车 4 辆（或空调实训台 4 台）、制冷剂加注一体机 4 台、电动压缩机 4 台、绝缘工具 4 套、个人防护用具 4 套。		实训场地	理实一体化教室	日期	
客户任务描述	一辆北汽 EV160 纯电动汽车空调损坏，需更换电动压缩机、更换冷凝器					
任务目的	能够正确、规范地对纯电动汽车进行下电操作，能迅速完成电动压缩机、冷凝器的更换					

一、资讯

1. 压缩机的作用是压缩和输送_____，把来自_____的低温低压制冷剂蒸气吸入气缸，压缩形成_____蒸气并排入_____。

2. 摇板式压缩机的主轴每转动一周，每一个气缸完成压缩、排气、膨胀、吸气的_____循环。一般一个摇板配有五个活塞，主轴转动一周时，就有_____次排气过程。

3. 斜盘式压缩机的斜盘每转动一周，前后_____活塞各自完成吸气、压缩、排气、膨胀过程，相当于_____工作循环。如果缸体截面均布五个气缸和五个双向活塞时，当主轴旋转一周，有_____次排气过程。

4. 北汽 EV160 空调压缩机采用的是电动_____压缩机，主要由_____、驱动控制模块、_____和_____组成。涡旋式压缩机由_____涡管和_____涡管组成，两涡管_____，相互啮合形成一组月牙形空间。

5. 对应图说明涡旋式压缩机的工作过程：_____
_____
_____。

| 吸气 | 吸气终止 | 压缩 | 再压缩 |
| 再压缩 | 压缩终了 | 排气 | 排气 |

6. 储液干燥器串联在_____与_____之间的管路上，它起到_____、干燥和_____的作用。

7. 膨胀阀的作用有_____、_____、防止_____和_____。

8. H形膨胀阀内部通路形同 H，有_____个接口，其中两个接口和普通膨胀阀一样，一个接_____，另一个接_____进口；另外两个接口，一个接_____出口，另一个接_____。

二、计划与决策

请根据任务要求，确定所需要的检测仪器、工具，并对小组成员进行合理分工，制订详细的工作计划。

1. 需要的检测仪器、工具

2. 小组成员分工

3. 计划

三、实施

1. 电动压缩机的连接

1）整车下电。

2）找到电动压缩机及相关线路、管路连接。高压线束的颜色是_____，它与_____相连；低压线束的颜色是_____，它与_____相连。制冷剂进气管与_____相连；制冷剂排气管与_____相连。

2. 电动压缩机的拆装

1）用制冷剂加注一体机进行制冷和冷冻油回收作业。

2）拔下_____线束插头。

3）拔下_____线束插头。

4）松开压缩机进气管螺母并迅速将进气管口密封，目的是_____。

5）松开压缩机排气管螺母并迅速将进气管口密封。

6）松开_____个压缩机固定螺栓。

7）取下压缩机。

8）更换新的压缩机后按规定力矩拧紧压缩机固定螺栓。

9）迅速取下新压缩机上进气口密封罩和进气管口密封罩。

10）安装进气管螺母并按规定力矩拧紧。

11）迅速取下新压缩机上排气口密封罩和排气管口密封罩。

12）安装排气管螺母并按规定力矩拧紧。

13）插上_____线束插头。

14）插上_____线束插头。

3. 更换冷凝器

1）用制冷剂加注一体机进行制冷和冷冻油回收作业。

2）松开冷凝器进气管螺母并迅速将进气管口密封，目的是＿＿＿＿＿＿＿＿＿＿＿＿＿＿＿。

3）松开冷凝器排气管螺母并迅速将排气管口密封。

4）松开冷凝器固定螺栓。

5）取下冷凝器。

6）更换新冷凝器后按规定力矩拧紧冷凝器固定螺栓。

7）迅速取下冷凝器上进气口密封罩和进气管口密封罩。

8）安装进气管螺母并按规定力矩拧紧。

9）迅速取下新冷凝器上排气口密封罩和排气管口密封罩。

10）安装排气管螺母并按规定力矩拧紧。

四、检查

1）检查制冷剂进排气管与电动压缩机进排气口是否对应＿＿＿＿＿＿＿＿＿＿＿＿＿＿＿＿＿＿＿＿＿。

2）检查电动压缩机高低压插接件是否连接牢固＿＿＿＿＿＿＿＿＿＿＿＿＿＿＿＿＿＿＿＿＿＿＿。

3）检查制冷剂进排气管与冷凝器进排气口是否对应＿＿＿＿＿＿＿＿＿＿＿＿＿＿＿＿＿＿＿＿。

五、评估

1. 请根据自己任务完成的情况，对自己的工作进行自我评估，并提出改进意见。

1）＿＿＿

＿＿＿

2）＿＿＿

＿＿＿

3）＿＿＿

＿＿＿

2. 工单成绩（总分为自我评价、组长评价和教师评价得分值的平均值）

自我评价	组长评价	教师评价	总分

　　电动空调制冷系统故障的检测与修复

　　小王在某新能源汽车 4S 店做汽车维修工，电动空调系统制冷不良，经检查是电动制冷系统缺少制冷剂，需要补充一定量的制冷剂。请问你知道如何补充制冷剂吗？

学习目标

1. 能使用电子检漏仪对空调制冷系统进行检漏。
2. 能正确连接歧管压力表组并根据读数判断制冷剂是否合适。
3. 能使用歧管压力表组对制冷系统补充制冷剂。
4. 能使用制冷剂加注一体机对制冷系统进行抽真空和检漏作业。
5. 能使用制冷剂加注一体机对制冷系统进行加注制冷剂和冷冻油作业。

1.3.1　汽车空调制冷剂 R134a

　　在制冷系统中用于转换热量并且循环流动的物质称为制冷剂。汽车空调系统使用的制冷剂通常有 R12、R134a，现在普遍使用的是 R134a。英文字母 R 是 Refrigerant（制冷剂）的简称，其数字代号使用的是美国制冷工程师协会（ASRE）编制的代号系统。

　　R134a 制冷剂的分子式为 CH_2FCF_3，是卤代烃类制冷剂中的一种，北汽 EV160 电动空调制冷系统使用的制冷剂是 R134a 制冷剂。R134a 制冷剂与 R12 制冷剂相比，其热物理性能见表 1-3-1。

表 1-3-1　R134a 与 R12 的热物理性能比较

项　　目	R134a	R12
分子式	CH_2FCF_3	CF_2Cl_2
分子量	102.031	120.92
沸点/℃	−26.18	−29.80
临界温度/℃	101.14	111.8
临界压力/MPa	4.065	4.125
临界密度/（kg/m³）	1206	1311
0℃时的饱和气压/kPa	293.14	308.57
0℃时的汽化潜热/（kJ/kg）	197.89	154.87
60℃时的饱和蒸气压/kPa	1680.47	1518.17
ODP 值（臭氧破坏潜能值）	0	1.0
GWP 值（全球变暖潜能值）	0.11	1.0
与矿物油的融合性	不溶	互溶
溶态热导率	大	小

从表中可以看出 R134a 的主要特性：

1）热物理性。R134a 的热力学性能，包括分子量、沸点、临界参数、饱和蒸气压和汽化潜热等，均与 R12 相近，具有无色、无臭、不燃烧、不爆炸、基本无毒的特性。

2）传热性能。R134a 制冷剂的传热性能优于 R12，当冷凝温度为 40～60℃、质量流量为 45～200kg/s 时，R134a 蒸发和冷凝传热系数比 R12 高出 25% 以上。因此，在换热器表面积不变的条件下，可减少传热温差，降低传热损失；当制冷量或放热量相等时，可减少换热器表面积。

3）相容性。用 R134a 替代 R12 后，原有的冷冻机油必须更换，这是因为 R134a 本身与矿物油是非相溶的，必须使用合成润滑油来取代，如 PAG 类润滑油等。否则，系统将会损坏。

4）分子直径比 R12 略小，易通过橡胶向外泄露，也较易被分子筛吸收。

5）R134a 的吸水性和水溶解性高。

1.3.2 汽车空调冷冻机油

1. 冷冻机油的作用

冷冻机油是制冷压缩机的专用润滑油，它保证压缩机正常运转、可靠工作和延长使用寿命。在空调制冷系统中的作用如下：

1）润滑作用。压缩机是高速运动的机器，轴承、活塞、活塞环、曲轴、连杆等机件表面需要润滑，以减少阻力和磨损，延长使用寿命，降低功耗，提高制冷系数。

2）密封作用。压缩机传动轴需要油封来密封，以防止制冷剂泄漏。有润滑油，油封才起密封作用。同时，活塞环上的润滑油，不仅起减轻摩擦的作用，而且起密封制冷剂蒸气的作用。

3）冷却作用。运动的摩擦表面会产生高温，需要用冷冻油来冷却。冷冻油冷却不足，会引起压缩机温度过热，排气压力过高，降低制冷系数，甚至烧坏压缩机。

4）降低压缩机噪声。

2. 对冷冻机油的性能要求

在空调制冷系统中，冷冻机油完全溶于制冷剂中，并随制冷剂一起循环。因此，冷冻机油的工作温度变化范围较大。为保证其工作正常，对冷冻机油提出以下性能要求：

（1）凝固点　冷冻机油在实验条件下冷却到停止流动的温度称为凝固点。制冷设备所用冷冻机油的凝固点应要低一些，否则会影响制冷剂的流动，增加流动阻力，从而导致传热效果差的后果。

（2）黏度　冷冻机油黏度是其特性中的一个重要参数，使用不同制冷剂要相应选择不同的冷冻机油。若冷冻机油黏度过大，会使机械摩擦功率增大，从而使摩擦热量和起动力矩增大。反之，若黏度过小，则会使运动件之间不能形成所需的油膜，从而无法达到应有的润滑和冷却效果。

（3）浊点　冷冻机油的浊点是指温度降低到某一数值时，冷冻机油中开始析出石蜡，使润滑油变得混浊时的温度。制冷设备所用冷冻机油的浊点应低于制冷剂的蒸发温度，否则会引起节流阀堵塞或影响传热性能。

（4）溶解性　冷冻机油与制冷剂的溶解性能要好。在汽车空调制冷系统中，制冷剂与润滑油是混合在一起的。当制冷剂流动时，润滑油也随之流动，这就要求制冷剂与润滑油能够互溶。若两者不互溶，润滑油就会聚集在冷凝器和蒸发器的底部，阻碍制冷剂流动，降低换热能力，影响换热效果。由于润滑油不能随制冷剂返回压缩机，压缩机将会因缺油而加剧磨损。

（5）闪点　冷冻机油的闪点是指润滑油加热到它的蒸气与火焰接触时发生打火的最低温度。制冷设备所用冷冻机油的闪点必须比压缩机的排气温度高 15～30℃ 以上，以免引起润滑油的燃烧和结焦。

（6）其他　水分、机械杂质以及绝缘性能等。冷冻机油应无水分、机械杂质。若润滑油中的水分过多，则会在膨胀阀节流口处结冰，造成冰堵，影响系统制冷剂的流动。同时，油中的水分会使冷冻油变质分解，腐蚀压缩机材料。不同的制冷系统对其绝缘性有不同的要求。

3. 冷冻机油的分类

为保护臭氧层，国际上对空调设备的制冷剂都做了限制，出现了各种替代制冷剂，其冷冻油也相应发生了变化。对空调替代制冷剂为 R134a、R410a/R407c，其替代冷冻机油分别采用 PAG、POE 型。在不同的空调系统中（如 R134a、R12）所使用的冷冻机油往往是不同的，大多数情况下不能混用。

（1）PAG（聚烃乙二醇）　PAG 是 Polyalkylene Glycol 的缩写，是一种合成的聚乙二醇类润滑油。PAG 油和 HFC 制冷剂具有很好的相溶性，而且黏度指数很高，因此在汽车空调中应用较为广泛。PAG 油主要缺点为吸湿性太高以及电气绝缘性不佳。

（2）POE（聚酯类润滑油）　POE 是 Polyol Ester 的缩写，又称聚酯油，它是一类合成的多元醇酯类油。以 POE 的分子结构来看，可以分为直线形（Linear Type）、分枝形（Branched Chain Type）和复合形（Complex Type）三种。直线形 POE 油有较佳的润滑性以及生物可分解性，但与制冷剂的相溶性、与水融合的稳定度和抗腐蚀等性能则是分枝形 POE 较佳，复合形兼取了前两者的优点。这种三型 POE 油由于成本及效能的差异被不同的制冷制造商所使用，目前主流的 POE 为复合形，因为它适用范围广。

POE 油是目前世界上氟氯烃（HFC）制冷系统压缩机使用最广泛的冷冻机油。由于 POE 的绝缘性要更好，所以北汽 EV160 电动空调压缩机采用的冷冻油型号是 POE68。

1.3.3　汽车空调专用维修工具及设备

汽车空调专用维修工具及设备包括歧管压力表、检漏设备、制冷剂注入阀、维修阀、专用成套维修工具、真空泵以及制冷剂回收装置等。

1. 电子检漏仪

对汽车空调系统制冷剂泄漏的检查常用到电子检漏仪。

电子检漏仪的外部结构如图 1-3-1 所示，内部结构如图 1-3-2 所示，在圆筒状铂金阳极里设有电热器，可以将阳极加热到 800℃ 左右。阳极的外侧设有圆筒状阴极。在两电极之间加有 12V

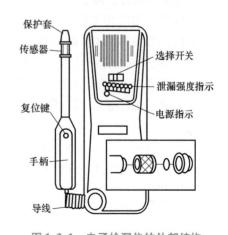

图 1-3-1　电子检漏仪的外部结构

直流电压。为了使气体在两电极间流动，在电极的前面设有吸气孔，在其后面设有小风扇。当有制冷剂通过电极时，就会产生几个微安的电流，通过直流放大器放大后，使电流表指示或蜂鸣器发出声响，以示制冷剂泄漏程度的大小。

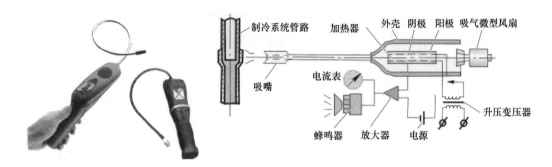

图 1-3-2　电子检漏仪的内部结构

各种电子检漏仪使用方法不完全相同，一般使用方法如下：

1）将电子检漏仪的电源开关接上，预热 10min 左右。

2）将开关拨至校核档，确认指示灯和警铃正常。

3）将仪器调到所要求的灵敏度范围。

4）将开关拨至检测档，将探头放至检测部位，如果超过灵敏度范围的泄漏量，则蜂鸣器会发出声响。

> 注意事项：检测时，应将探头放在各接头下侧。探头和制冷剂的接触时间不应过长，也不要把制冷剂气流或严重泄漏的地方对准探头，否则会损坏探测仪的敏感元件。

2. 歧管压力表

歧管压力表也称压力表组，是维修汽车空调制冷系统必不可少的工具，它与制冷系统相接可以进行检测压力、排空、抽真空、充注制冷剂、加冷冻机油等。

歧管压力表的结构如图 1-3-3 所示，低压表用于检测制冷系统低压侧的压力和真空度，真空度读数范围为 0 ~ 0.10kPa，压力量程不小于 2.11MPa；高压表用于检测制冷系统高压侧的压力，量程不小于 4.2MPa。它可以外接三根橡胶软管：低压软管（蓝色）、高压软管（红色）和维修软管（黄色、绿色或白色）。低压表与低压软管相通，高压表与高压软管相通。低压手动阀控制维修软管与低压软管的通断，高压手动阀控制维修软管与高压软管的通断。

歧管压力表的连接方法如图 1-3-4 所示，工作时高、低压软管接头分别通过软管与制冷系统高、低压维修阀相接，维修软管接头与真空泵或制冷剂罐等相接。

> 注意事项：压力表接头与软管连接时，只能用手拧紧，不能用工具拧紧。

歧管压力表的具体使用方法如下：

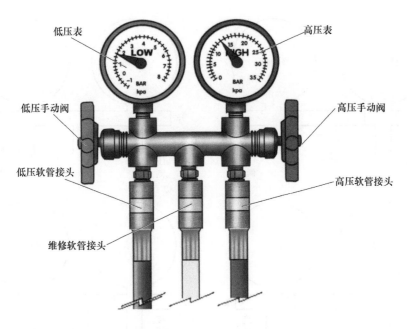

图 1-3-3　歧管压力表的结构

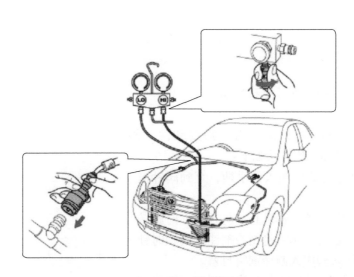

图 1-3-4　歧管压力表的连接

（1）双阀关闭测压力（见图 1-3-5 中 a）　低压表和高压表分别显示制冷系统高低压侧压力。

（2）双阀打开抽真空（见图 1-3-5 中 b）　在中间接头接上真空泵，对制冷系统抽真空。

（3）单阀打开做充注（见图 1-3-5 中 c）　当高压手动阀关闭，低压手动阀打开，中间接头接到制冷剂罐上或冷冻机油瓶上时，可以从低压侧向系统充注制冷剂或冷冻机油。当高压手动阀打开，低压手动阀关闭时，可以从高压侧充注制冷剂。

（4）先高后低放排空（见图 1-3-5 中 d）　先打开高压手动阀，当压力下降到 0.35MPa

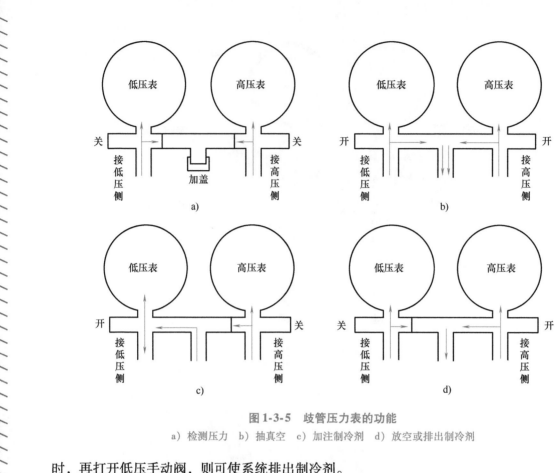

图 1-3-5　歧管压力表的功能

a）检测压力　b）抽真空　c）加注制冷剂　d）放空或排出制冷剂

时，再打开低压手动阀，则可使系统排出制冷剂。

3. 制冷剂注入阀

小制冷剂罐（一般为 250g 左右）需要和注入阀配套使用。制冷剂注入阀的结构如图 1-3-6 所示，其具体使用方法如下：

1）按逆时针方向旋转注入阀手柄，直到阀针退回为止。

2）将注入阀装到制冷剂罐上，逆时针方向旋转板状螺母直到最高位置，然后将制冷剂注入阀顺时针方向拧动，直到注入阀嵌入制冷剂密封塞。

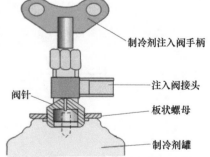

图 1-3-6　制冷剂注入阀的结构

3）将板状螺母按顺时针方向旋转到底，再将歧管压力表上的中间软管固定到注入阀的接头上。

4）拧紧板状螺母。

5）按顺时针方向旋转手柄，使阀针刺穿密封塞。

6）若要充注制冷剂，则逆时针方向旋转手柄，使阀针抬起，同时打开歧管压力表上的手动阀。

7）若要停止加注制冷剂，则顺时针方向旋转手柄，使阀针再次进入密封塞，起到密封作用，并同时关闭歧管压力表上的手动阀。

4. 维修阀

汽车空调系统是一个封闭的系统，为便于检修，一般在制冷系统高、低压侧各设一个维修阀，用于连接歧管压力表。维修阀有手动阀和气门阀两种，北汽 EV160 制冷系统的维修阀是气门阀。

（1）手动阀　手动阀是三位三通阀，安装在压缩机上。高、低压侧的手动阀结构相同，只是低压手动阀直径稍大。如图 1-3-7 所示，手动阀有三个工作位置：前位、后位和中间位置。

图 1-3-7　手动阀的结构
a）前位　b）后位　c）中位

1）前位位置：顺时针将阀杆拧到底，此时为关闭位置，制冷系统与空调压缩机连接管路被切断。在此位置可拆卸压缩机，而不必打开整个系统，从而减少了许多工作量。

2）后位位置：将阀杆逆时针拧到底，此时为开启位置，压缩机和系统连通。系统正常工作时，高、低压检修阀均应处于此位置。

3）中间位置：将阀杆拧至前座、后座之间的位置，此时压缩机、系统及维修接口均连通。在此位置时，可通过歧管压力表对制冷系统抽真空、加注制冷剂或检测压力。

（2）气门阀　气门阀是二位二通阀，安装在高、低压管路中，两个气门阀的接头尺寸不同，可以防止高、低压两侧接错。其结构如图 1-3-8 所示，正常位置时，靠系统内压力和弹簧压力使阀芯关闭；当外接软管时，软管接头上的顶销使阀芯打开，此时可对系统进行压力检测、抽真空或制冷剂的加注。北汽 EV160 电动空调高、低压维修阀的位置如图 1-3-9 所示，低压阀在机舱靠近驾驶室的位置，高压阀在机舱靠近蒸发器的位置。

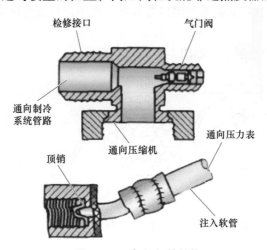

图 1-3-8　气门阀的结构

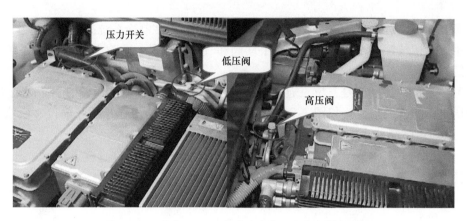

图 1-3-9　北汽 EV160 电动空调高、低压阀的位置

1.3.4　汽车空调制冷系统基本检查

1. 检查系统主要零部件温度

开启制冷系统 15~20min 后，用手触摸空调系统管路及各部件，感受其温度。正常情况下，低压管路呈低温状态，高压管路呈高温状态。低温区是从膨胀阀出口→蒸发器→压缩机进口处，这些部件表面应该由凉到冷再到凉，连接部分有水露，但不应有霜冻。高温区是从压缩机的出口→冷凝器→储液干燥器→膨胀阀的入口处，这些部件表面温度为 40~65℃，手感热而不烫。具体情况有：

1）压缩机进口处手感冰凉，出口处手感较热，进、出口温差明显。若温差不大，说明制冷剂不足；若没有温差，说明制冷剂有泄漏。

2）膨胀阀进口处手感较热，出口处手感冰凉，进、出口温差明显，有水露。若膨胀阀出口处有霜冻现象，则说明膨胀阀阀口堵塞，可能是脏堵或冰堵。

3）储液干燥器应是热的，表面无水露，进、出口温度相等。如果其表面出现水露，则说明干燥剂破碎堵住制冷剂流通的管路；若进口热，出口冷，也说明其内部堵塞。

4）冷凝器进、出口管应有温差，出口管温度应低于进口处温度。

2. 观察视液窗

观察视液窗，判断制冷剂量，如图 1-3-10 所示。

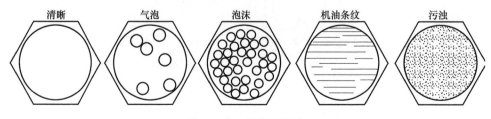

图 1-3-10　观察视液窗

1）视液窗清晰，孔内偶有气泡。可能有三种情况：一是系统内无制冷剂，二是制冷剂过量，三是制冷剂适量。

① 看不见液体流动，用手触摸压缩机进、排气口，没有冷热感觉，出风口无冷风，表示系统内无制冷剂，这时应立即关闭空调。

② 看见液体快速流动，用手触摸压缩机进、排气口，高压侧有烫手感，低压侧有冰霜，表示制冷剂过量。

③ 看见有液体稳定的紊流，用手触摸压缩机进、排气口，高压侧热，低压侧凉，表示制冷剂适量。

2）少量有气泡，可能有两种情况：一是制冷剂不足，二是制冷系统中有水分。

① 当膨胀阀有冰堵时，则表明制冷系统中有水分。

② 当膨胀阀没有冰堵时，则说明制冷系统中制冷剂不足。这时应进行检漏并补充制冷剂。

3）有大量气泡，说明制冷剂严重不足并有大量的水分。

4）观察孔的玻璃上有条纹状的油渍或黑油状泡沫，可能有三种情况：一是冷冻机油过多，二是冷冻机油变质、脏污，三是无制冷剂。

① 若压缩机进排气口有明显的温差，关闭空调后孔内油渍干净，则说明冷冻机油过多。

② 若压缩机进排气口有明显的温差，关闭空调后孔内仍有油渍或其他杂物，则说明冷冻机油变质、脏污。

③ 若压缩机进排气口无温差，空调器出风口无冷风，则说明无制冷剂，视窗镜上是冷冻机油，应立即关闭空调。

1.3.5　汽车空调制冷系统的检漏

1. 制冷剂泄漏的部位

汽车空调系统工作条件比较恶劣，极易造成部件、管道损坏和接头松动，使制冷剂发生泄漏。常发生制冷剂泄漏的部位见表 1-3-2。

表 1-3-2　汽车空调制冷系统常发生泄漏的部位

部　件	常发生泄漏的部位
冷凝器	冷凝器进气管和出液管连接处 冷凝器盘管
蒸发器	蒸发器进口管和出口管的连接处 蒸发器盘管 膨胀阀
储液干燥器	易熔塞 管道接头喇叭口处
制冷剂管道	高、低压软管 高、低压软管各接头处
压缩机	压缩机轴封 压缩机吸、排气阀处 前、后盖密封处 与制冷剂管道接头处

2. 制冷剂泄漏的检查方法

汽车空调制冷系统的检漏方法常用的有目测检漏法、皂泡检漏法、染料检漏法、检漏灯检漏法、电子检漏仪检漏法、抽真空检漏法（负压检漏）和加压检漏法（正压检漏）等。

（1）目测检漏法 用肉眼查看制冷系统（特别是制冷系统的管接头）是否有润滑油渗漏痕迹，有油迹的部位就是泄漏处。

（2）皂泡检漏法（肥皂液检漏） 对施加了压力的制冷系统，如图 1-3-11 所示，用毛刷或棉纱蘸肥皂液涂抹在被检查部位，察看被检查部位是否有气泡产生。皂泡检漏操作比较麻烦，要求一定要细致、认真。但是用此方法捡漏时不受设备的限制、使用成本低，因此应用广泛。

（3）染料检漏法（着色检漏） 把黄色或红色的颜料溶液通过歧管压力表组引入空调系统，漏点周围会有染料积存。染料检漏不会影响系统的正常运行，是较理想的检漏方法。

（4）检漏灯检漏法 检漏灯（卤素灯）检漏的原理是根据卤素与吸入制冷剂燃烧后产生的火焰颜色来判断泄漏量。泄漏量少时，火焰呈浅绿色；泄漏较多时，火焰呈蓝色；泄漏量很大时，火焰呈紫色。该方法检测精度低，已逐渐被淘汰。

图 1-3-11　皂泡检漏法

（5）电子检漏仪检漏法 使用电子检漏仪时应当遵照电子检漏仪制造厂家的规定。一般方法是：接通电源开关，经短时间热机后，将探头伸入检测部位，通过声音或仪表显示即可判断泄漏量。该方法使用方便、安全，灵敏度高，应用广泛。

> 使用电子检漏仪的注意事项：
> ➢ 必须检查每一个接头的整个圆周。
> ➢ 探头要靠近被检查点，离检测点约 3mm。
> ➢ 探头移动的速度要慢，不能高于 5cm/s。
> ➢ 因为制冷剂比空气重，所以要从部件（总成）顶部开始检漏，然后沿着部件或管路的底部移动。出于同样原因，在下部测出的泄漏，泄漏点不一定在下部。
> ➢ 如发现制冷剂大量渗漏时，应进行通风处理，防止引起人窒息事故发生。

（6）抽真空检漏法（负压检漏） 对制冷系统抽真空，真空度应达到 0.1MPa，保持 24h 内真空度没有明显变化即可。这种方法只能说明制冷系统是否泄漏，而不能确定泄漏的具体部位。

（7）加压检漏法（正压检漏） 对于制冷剂全部漏光时的检漏，可以使用加压检漏法。如图 1-3-12 所示，分别将歧管压力表的高压软管和低压软管连接在压缩机的高、低压检修阀上。打开高、低压检修阀，向系统中充入干燥氮气，其压力一般应为 1.5MPa 左右。当系统达到规定压力后，用检漏设备进行检漏，泄漏大的地方有微小声音，检漏必须仔细，并反复检查 3 ~ 5 次，发现渗漏处应做上记号并及时加以修复，然后再去检漏其他接头处，直至渗漏彻底排除。修漏完毕，应试漏，让系统保压 24～48h，若压力不降低，则检漏合格；倘若压力有显著降低，必须重新进行检漏，直到找出泄漏处并加以消除为止。

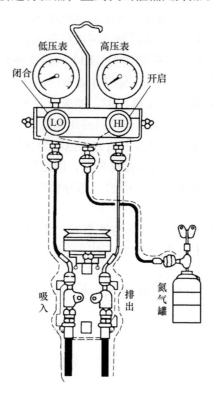

图 1-3-12　加压检漏法

1.3.6　汽车空调制冷剂 R12

1. 制冷剂 R12 的特性

车用空调中最初广泛使用的制冷剂 R12，分子式为 CF_2CL_2，化学名称为二氟二氯甲烷，主要特性如下：

1）无色、无刺激性臭味；一般情况下不具有毒性，对人体没有直接危害；不燃烧、无爆炸危险；热稳定性好。

2）是一种中压制冷剂，正常蒸发温度小于 0℃，冷凝器压力小于（1.5～2.0MPa），由于压力不是很高，降低了对冷凝器结构强度的要求。在标准大气压下 R12 的沸点为 -29.8℃，凝固温度为 -158℃，能在低温下正常工作。节流后损失小，有较大的制冷系数。

3）R12 对一般金属没有腐蚀作用，但对镁和镁含量超过 2% 以上的铝合金除外。R12 在 60～70℃ 的温度时遇氧化铁、氧化铜，可促使其分解。

4）R12 制冷系统对密封件的特殊要求。

① 制冷系统的密封件不能使用天然橡胶制品，因为 R12 会导致橡胶变软、膨胀、起泡。

② 对氯丁乙烯和氯丁胶制品破坏作用较小。

③ 对尼龙和塑料制品破坏作用不明显。

5）R12 有良好的绝缘性能，它对制冷系统电器绕组的绝缘性能无影响。

6）R12 液态时对润滑油的溶解度无限制，可以任何比例溶解。但气态时 R12 对润滑油的溶解度有限并随压力增高、温度降低而增大。R12 与润滑油的这种互溶特性对制冷系统是有益的，因为 R12 液态时润滑油已溶解在其中并随 R12 一起流动，所以在这段管路中不会积存润滑油。在气态管路（特别是蒸发器）中，如果有足够的气体流速，不会在蒸发器壁上产生油膜而影响传热效率，润滑油也能被带回到压缩机中去。当压缩机曲轴箱中存在有互溶的 R12 气体和润滑油时，由于曲轴箱内的压力和温度是变化的而一定压力和温度下的 R12 气体溶油量是一定的，当曲轴箱内压力突然降低时，因溶解量要减小，于是原来溶解的 R12 就以沸腾形式从油中跑出，从而使曲轴箱中的一部分润滑油将随着 R12 蒸气带到压缩机气缸和系统中去，对制冷系统的工作带来不利影响。

7）R12 对水的溶解度很小，而且气态与液态时，水的溶解度也不同，气态高于液态。在制冷系统中，R12 的含水量不得超过 0.0025%。

综上所述，R12 是一种易于制造，原料来源丰富，价格相对低廉且可以回收重复使用的制冷剂。只是它对臭氧层有很强的破坏作用，因此，目前已经被新的制冷剂 R134a 所替代。

2. R134a 系统与 R12 系统的区别

R134a 与 R12 具有不同的性质。表 1-3-3 列出了使用制冷剂 R134a 的系统与原来 R12 系统的变动情况。

表 1-3-3　使用 R134a 时系统需要进行的改变

项　目	改 变 情 况
制冷剂	R12→R134a
冷冻机油	矿物油→合成油
管道	O 形密封材料由 NBR→HNBR，改变管道接头形状
压缩机	封口材料 NBR→HNBR
维修阀	改变螺孔尺寸，使用快速接头
软管	内衬加尼龙层，软管由 NBR→EPDM
冷凝器	提高散热性能，调整冷凝器的高度、厚度，改进结构
干燥剂	硅胶→沸石
熔化螺栓	停止使用熔化螺栓
安全阀	由 3.14MPa→3.43MPa
压力开关	由 2.65MPa→3.14MPa
膨胀阀	改变膨胀阀的流动特性

实践操作

在进行空调系统故障诊断与维修作业时要注意：

1）保证作业场所通风良好。

2）配置灭火设备。

在对空调系统进行制冷剂回收和充注作业时要注意：

1）尽量不让制冷剂接触皮肤或眼睛。

2）佩戴手套。

3）佩戴护目镜。

1.3.7 汽车空调制冷系统压力的检查

以北汽 EV160 电动空调系统为例，利用歧管压力表测量制冷系统高、低压侧的压力，根据压力大小分析故障原因，判断故障部位。

1. 连接歧管压力表

1）取下汽车空调制冷系统高、低压管路维修接口防尘罩。

2）将歧管压力表组挂到前机舱盖锁扣上。

3）转动歧管压力表高压软管手动阀门使其处于关闭状态，高压软管的颜色为红色。

4）转动歧管压力表低压软管手动阀门使其处于关闭状态，低压软管的颜色为蓝色。

5）将歧管压力表的低压软管连接到空调低压管路维修接口。

6）将歧管压力表的高压软管连接到空调高压管路维修接口。

7）打开低压管路维修接口。

8）观察并记录低压表读数。

9）打开高压管路维修接口。

10）观察并记录低压表读数。

11）关闭高、低压管路维修接口。

北汽 EV160 空调系统高低压侧的平衡压力为 0.6MPa，如果上述读数均小于 0.6MPa，说明制冷剂不足。

2. 打开空调

1）接通 A/C 开关。

2）调节鼓风机风速到最大风量。

3）调节空调温度到最冷。

4）打开所有车门。

3. 再次读取压力表数值并分析

打开空调后等待 10～15min 后读取压力表读数，根据读取的压力表数值与表 1-3-4 进行对比判断制冷系统故障并找到相应的维修方法。

表 1-3-4　制冷系统故障诊断表

序号	高压侧	低压侧	症　状	可能故障点	维　修　方　法
1	1.3～1.5MPa	0.25～0.35MPa	—	正常	—
2	偏高	偏高	制冷不足	1. 制冷剂加注过量 2. 冷凝器散热不良 3. 冷冻机油过量	1. 放出过多的制冷剂 2. 清洁冷凝器

（续）

序号	高压侧	低压侧	症 状	可能故障点	维 修 方 法
3	过高	偏高	制冷不足	系统内有空气	对系统进行排空、抽真空、充注制冷剂和冷冻机油
4	高	正常	制冷不足	1. 冷凝器散热不良 2. 冷凝器内部联通	1. 清洁冷凝器 2. 更换冷凝器
5	低	正常	制冷不足	1. 压缩机工作效率低 2. 制冷剂偏少	1. 检查压缩机 2. 加注制冷剂
6	正常	高	间隙制冷或制冷不足	1. 膨胀阀开度偏大 2. 感温包泄漏	1. 调整膨胀阀开度 2. 重新安装感温包
7	正常	低	制冷不足	膨胀阀开度偏小	调整膨胀阀开度
8	低	高	制冷不足或不制冷	1. 压缩机转速不足 2. 压缩机内部联通	1. 检查压缩机控制系统 2. 更换压缩机
9	偏高波动	间歇真空	间歇制冷	冰堵（制冷系统中有水）	更换储液干燥器；对系统进行排空、抽真空、充注制冷剂和冷冻机油
10	偏低	偏低	制冷不足	1. 制冷剂过少 2. 制冷剂泄漏	1. 补加制冷剂 2. 检漏并修理
11	真空	过低	不制冷	膨胀阀、储液干燥器或冷凝器等发生堵塞	查找堵塞部件并更换；对系统进行排空、抽真空、充注制冷剂和冷冻机油

1.3.8 汽车空调制冷系统检漏

以北汽 EV160 电动空调系统为例，对汽车空调系统进行检漏作业。

1. 用电子检漏仪检漏

1）打开前机舱盖。

2）按下电子检漏仪开关键，此时检漏仪发出高频的滴滴声。

3）按下调节灵敏度键（Sensitivity），使第一个 LED 灯点亮，同时检漏仪发出低频的滴滴声。将探头放置制冷剂容易泄漏的位置检测其是否泄漏。

> 注意事项：
> ➢ 探头不要碰到机械设备，缓慢移动探头，移动速度不要高于 5cm/s。
> ➢ 当滴滴声频率增高，同时 LED 灯点亮数量增加时，说明有泄漏。
> ➢ 应将泄漏部位做标记，以便维修。

4）检查膨胀阀处是否泄漏，如图 1-3-13 所示。

5）检查空调系统高低压管路是否泄漏。

6）放置探头到制冷系统散热器处，检查散热器与储液干燥器是否泄漏。

图 1-3-13　检查膨胀阀处是否有制冷剂泄漏

7）举升车辆。

8）放置探头到电动压缩机处，检查是否泄漏。

9）检测完毕后按下开关键，关闭电子检漏仪。

10）降下车辆。

如果制冷剂不足，而未在上述位置发现泄漏说明是蒸发箱处发生泄漏，此时可以打开鼓风机，并在空调出风口处进行检漏。

2. 抽真空检漏

注意事项：抽真空检漏只能判断制冷系统是否有泄漏，不能直接找到泄漏制冷剂的具体位置，因此抽真空检漏的方法一般是空调制冷系统装配后进行，目的是保证在加注制冷剂之前：

➢ 空调系统中没有空气和水分。

➢ 空调系统没有泄漏点。

（1）利用真空泵进行抽真空　抽真空管路连接如图 1-3-14 所示。具体操作过程如下：

1）将歧管压力表的高、低压软管分别接在制冷系统高、低压侧检修阀上，将中间软管与真空泵相连接。

2）打开歧管压力表上的高、低压手动阀，起动真空泵，观察低压表的指针，应该有真空显示。

3）连续抽 5min 后，低压表指示真空度应达到 0.03MPa，高压表略低于 0。如果高压表不能低于 0，表明系统内有堵塞，应停止抽真空并进行修复。

4）连续抽 15min 后，低压表指针应在 0.01 ~ 0.02MPa 之间。如果达不到此数值，应关闭高、低压手动阀，观察低压表的指针，如果指针上升，说明系统有漏点，应停止抽真空并进行修复。

5）当系统压力低于 0.01MPa 时，关闭高、低压手动阀，保压 5 ~ 10min。如低压表指针不动，则开启真空泵，打开高、低压手动阀，继续抽真空，时间不少于 30min。

6）抽真空结束时，应先关闭高、低压手动阀，再关闭真空泵，防止空气进入制冷系统。

（2）利用制冷剂加注一体机进行抽真空　使用制冷剂加注一体机进行作业时（包括抽真空和加注制冷剂）要注意不能与传统汽车空调系统使用的制冷剂加注一体机混用，以免不同型号的冷冻机油混合。

1）安装翼子板布和格栅布。

2）取下汽车空调制冷系统高低压管路维修接口防尘罩。

3）连接加注机电源插头。

4）在控制面板上打开加注机电源开关（箭头向上）。

5）佩戴护目镜、手套。

6）转动加注机高压软管手动阀门使其处于关闭状态，加注机高压软管的颜色为红色。

7）转动加注机低压软管手动阀门使其处于关闭状态，加注机低压软管的颜色为蓝色。

8）将加注机的低压软管连接到空调低压管路维修接口。

9）将加注机的高压软管连接到空调高压管路维修接口。

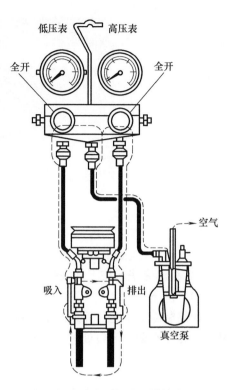

图 1-3-14　空调制冷系统抽真空

10）打开加注机面板上高低压阀门。

11）按排气键，进行加注机系统排气。

12）按取消键回到主页面。

13）按回收键再按确认键进行管路清理。

14）当面板上清理管路显示 50s 时，打开空调高低压管路上的维修接口进行制冷剂回收。

15）当低压侧压力达到 −10 英尺汞柱时按取消键停止回收。

16）显示屏显示回收制冷剂的量，并提示是否排油，按面板上的确认键，开始排油。

17）按面板上的确认键，开始第一次抽真空。

18）第一次抽真空采用双管路，通过数字键盘设定所需的抽真空时间。

19）当光标在显示屏上（15：00）15min 处闪动时，选择数字键，设定时间 30min。

20）按确认键开始抽真空操作。

21）当显示屏显示抽真空完成，下一步是否保压时，记录高低压表读数。

22）按确认键，开始保压 60min。

23）保压完成后观察高低压表，查看读数有无变化，无变化说明系统无泄漏位置，读数变大则说明制冷系统有泄漏，需要查找泄漏位置后重新抽真空作业。

1.3.9　汽车空调制冷系统充注制冷剂

以北汽 EV160 电动空调系统为例，对汽车空调系统进行制冷剂补充和加注作业。

1. 补充制冷剂

汽车空调经过一段时间运行后，由于汽车振动等原因，使汽车空调系统的某些部位的接头松动，制冷剂泄漏，制冷效果变差。经过查漏、排漏后，不必排空旧的制冷剂，可以采用低压端充注法补充不足的制冷剂。

低压端充注法就是从低压端充注气态制冷剂，制冷剂罐正立，压缩机工作。低压端充注法的管路连接如图 1-3-15 所示。具体操作步骤如下：

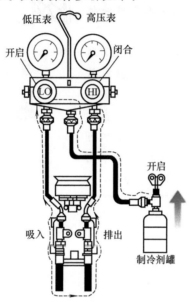

图 1-3-15 低压端充注法

1）取下制冷系统高低压管路维修接口防尘罩。

2）将歧管压力表与系统检修阀、制冷剂罐注入阀连接好；将制冷剂罐注入阀与制冷剂罐连接好。

> 注意事项：连接之前保证歧管压力表组和高低压软管上的高低压手动阀都处于关闭状态。

3）用制冷剂排除连接软管内的空气。打开制冷剂罐上的注入阀，再拧松中间软管压力表一端的软管接头，直到听到制冷剂蒸气流动的声音，然后拧紧软管接头。

4）将制冷剂罐直立于磅秤上，并记录起始质量。如果使用小罐，则记录小罐瓶数。

5）打开低压手动阀，向系统充注气态制冷剂。

6）3～5min 后，起动汽车，接通空调开关，把风量调节旋钮旋至最大，把温度调节旋钮调到最冷。

7）如果加入缓慢，可用适当的方法提高加注速度。当环境温度高时，加注制冷剂困难，可用低压空气吹冷凝器来降低冷凝器的温度，提高加注速度；当环境温度低时，可用低于 40℃ 的温水加热制冷剂罐的方式提高加注速度。

8）当制冷剂充至规定量时，先关闭歧管压力表上的低压手动阀，然后关闭制冷剂罐注入阀。

9）关闭低压管路上的手动阀门。

10）关闭空调开关，卸下歧管压力表，充注结束。

注意事项：

➢ 注入制冷剂后，应及时通过观察视液窗或观察压力表检查制冷剂注入量。

➢ 当处理制冷剂时，如图 1-3-16 所示，不要在密闭的环境内或接近明火的区域处理制冷剂。务必戴上护目镜，注意不要让液体制冷剂溅入眼睛或溅到皮肤上。

➢ 当处理制冷剂容器时，如图 1-3-17 所示，容器不得受热，绝对不要加热容器或将容器暴露在明火处，容器必须保持在 40 ℃（104 ℉）以下。当用温水加温容器时，当心不要把容器顶上的阀门浸入水中，因为水可能渗入制冷剂容器。注意不要使存放制冷剂的容器掉落或受到冲击。空容器不得再用。

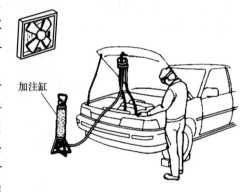

加注缸

图 1-3-16　加注或处理制冷剂

40℃（104℉）以下

图 1-3-17　当处理制冷剂容器时应遵守的预防措施

➢ 当 A/C 开着并补足制冷剂气体时，如图 1-3-18 所示，如果高压侧阀门被打开，制冷剂会反向流动导致维修中断，因此只能启闭低压侧的阀门。如果制冷剂容器颠倒，制冷剂又以液态加入，液体将被压缩，致使压缩机损坏，因此制冷剂必须以气态加入。当心不要加入过量的制冷剂气体。

空调开

图 1-3-18　当 A/C 开着并补足制冷剂气体时应遵守的预防措施

2. 加注制冷剂

加注制冷剂是在排空制冷剂并抽真空后进行。

（1）制冷剂排空　制冷剂排空是指将制冷系统内的制冷剂排出。制冷剂排空有两种方法，一种是传统排空法；另一种是回收排空法。

1）传统排空方法。传统排空方法如下：

① 如图 1-3-19 所示，把歧管压力表连接到系统的高、低压检修阀上。

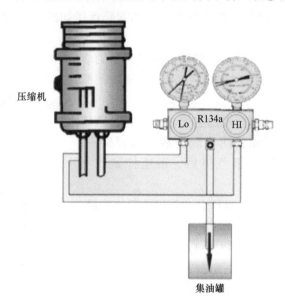

图 1-3-19　制冷剂排空的传统排空方法

② 整车上电。

③ 打开 A/C 开关将风扇调至高速，将温度控制旋钮置于最冷位置，运行 10 ~ 15min 使系统达到稳定状态。

④ 关闭空调的控制开关。

⑤ 慢慢打开歧管压力表上的高压手动阀，让制冷剂缓缓从中间软管流入回收装置（集油罐）中。等高压侧压力下降到 0.35MPa 以下时，再慢慢拧开低压手动阀，以防止冷冻机油被带出。

⑥ 歧管压力表的高、低压力表指示为 0，说明系统内制冷剂已排空。

2）回收排空法。为防止制冷剂排入大气，造成经济损失和环境污染，在规范的维修站中都配有制冷剂加注、回收多功能机，在排空制冷剂的同时可以对制冷剂进行回收和净化，并循环使用。使用制冷剂加注、回收多功能机要按照厂家规定进行。

注意事项：

➢ 制冷剂排空场地应通风良好，不要使排出的制冷剂靠近明火，以免产生有毒气体。

➢ 制冷剂排出而冷冻润滑油并非全部排出，因此应测定排出的油量，以便补充。

（2）抽真空　维修中，一旦制冷系统暴露于空气中或更换了系统的部件，在充注制冷剂前，必须进行抽真空，以排除制冷系统内残留的空气和水分。

（3）充注制冷剂　在制冷系统经过抽真空并确认没有泄漏后，可采用高压端充注法和高低压端综合充注法对系统充注制冷剂。

1）高压端充注法。高压端充注法就是从高压端充注液态制冷剂，制冷剂罐倒立，压缩机停转，靠制冷剂罐内与系统之间的压差进行充注。这种方法适合于系统内抽过真空而无制冷剂的情况，其特点是速度快。高压端充注法的管路连接如图1-3-20所示。具体操作步骤如下：

① 关闭歧管压力表高、低压手动阀，将歧管压力表与系统检修阀、制冷剂罐连接好；将注入阀与制冷剂罐连接好。

② 用制冷剂排除连接软管内的空气。打开制冷剂罐上的注入阀，再拧松中间软管压力表一端的软管接头，经3～5s，当软管排出制冷剂气体后，迅速拧紧软管接头。

③ 将制冷剂罐倾斜倒置于磅秤上，并记录起始质量。如果使用小罐，则记录小罐瓶数。

④ 缓慢打开高压手动阀，制冷剂注入系统内，当磅秤指示到达规定质量时，迅速关闭制冷剂阀门。

⑤ 关闭高压手动阀，卸下歧管压力表，充注结束。

2）高低压端综合充注法。在实际充注中，经常采用高低压端综合充注的方法。先从高压端气门阀充注一定量液态制冷剂后，关闭高压手动阀，将制冷剂罐直立，整车上电，打开空调并在最冷状态工作，打开低压手动阀，从低压端注入气态制冷剂。

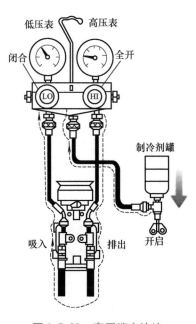

图1-3-20　高压端充注法

系统抽真空后制冷剂加注量可以参照厂家的维修手册。不同年份的北汽EV160纯电动汽车制冷剂的加注量有所不同，2015款北汽EV160制冷系统制冷剂的加注量为425±20g。

1.3.10　汽车空调制冷系统充注冷冻机油

新装汽车空调系统需要添加冷冻机油。在维修中，如果冷冻机油量不足或更换了制冷系统部件，应添加冷冻机油。以北汽EV160电动空调系统为例，对汽车空调系统进行充注冷冻机油作业，要注意的是北汽EV160电动空调系统使用的冷冻机油型号为POE68，不能与其他冷冻机油混用。

1. 冷冻机油添加量的确定

（1）系统新加油量　新装汽车空调系统中，只有压缩机内装有冷冻机油，油量一般为280～350g。不同型号的压缩机内充油量也不同，具体可查看供应商手册。表1-3-5列出了几种常见压缩机冷冻机油的充油量，仅供参考。

表 1-3-5　几种常见压缩机冷冻机油充油量

汽车品牌	压缩机型号	冷冻机油充油量/mL
丰田	6D152A	350
	6E171	280
马自达 ES200	—	60
三菱	6F308HB	2000
	2Z306S	350
日产	DKP—12D	190
日野	6C—500	1700 ~ 1900
	6C—300	1500
中国北方—Neoplan	FK4	2600
帕萨特 PASSAT B5	Zexel DCW-17D 6 缸 Nippondenso 7SB-16C	251.4

（2）补充油量　如图 1-3-21 所示，空调系统运行时，冷冻机油随着制冷剂在系统内循环，压缩机停转后，会有一部分冷冻机油残存于系统各部位。

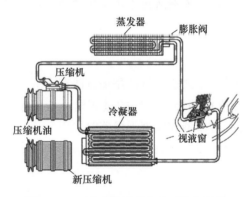

图 1-3-21　冷冻机油残存于系统各部位

在维修中，如果更换了系统部件，更换的同时应当向系统内补充拆下部件带走的冷冻机油，其补充量可参考表 1-3-6。

表 1-3-6　制冷系统冷冻机油补充量

被更换零部件	冷冻机油补充量/mL	被更换零部件	冷冻机油补充量/mL
冷凝器	40 ~ 50	储液干燥器	10 ~ 20
蒸发器	40 ~ 50	制冷循环管道	10 ~ 20

如果拆装了压缩机，压缩机中冷冻机油的添加量应按照图 1-3-22 所示的方法确定。如果需要分解压缩机总成，应先倒出冷冻机油并测量其油量 A；分解压缩机时，因为残存在压缩机中的冷冻机油会被清空，所以重新安装压缩机时，添加冷冻机油量应为：添加冷冻机油量 = 油量 A + 20mm³；如果更换压缩机，新压缩机应排出一部分冷冻机油，排出量应为：排出量 = 新压缩机中冷冻机油量 − 油量 A。

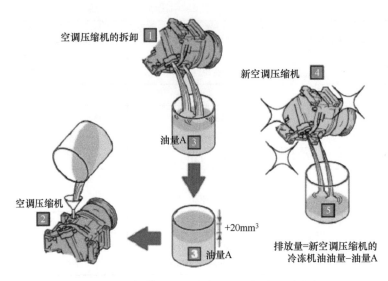

图 1-3-22　拆装压缩机时冷冻机油加注量的确定

> 注意事项：R12 与 R134a 制冷剂所用冷冻机油牌号不同，因此，添加冷冻机油时应注意防止混淆。添加时应保证容器的洁净，防止水分或杂物混入油中。

2. 添加冷冻机油的方法

添加冷冻机油应在系统抽真空之前进行，添加方法有：

（1）直接加入法　将冷冻机油装入干净的量瓶里，从压缩机的旋塞口直接倒入即可，这种方法适合于更换蒸发器、冷凝器和储液干燥器时采用。

（2）真空吸入法　真空吸入法添加冷冻机油的管路连接如图 1-3-23 所示。具体操作步骤如下：

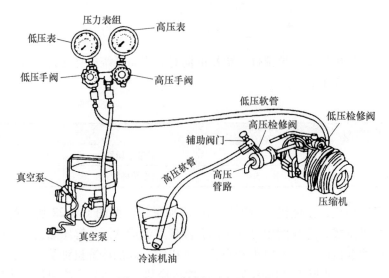

图 1-3-23　冷冻机油加注方法

1）首先将系统抽真空到 100kPa。

2）准备一带刻度的量杯并装入稍多于所添加量的冷冻机油。

3）关闭高压手动阀及辅助阀门，将高压软管一端从歧管压力表上卸下，并插入量杯中。

4）打开辅助阀门，油从量杯内被吸入系统。

5）当油面到达规定刻度时，立即关闭辅助阀门。

6）将软管与歧管压力表连接，打开高压手动阀，起动真空泵，先对高压软管抽真空，然后打开辅助阀门对系统抽真空。

 单元小结

1. 北汽 EV160 电动空调制冷系统使用的制冷剂是 R134a 制冷剂，其分子式为 CH_2FCF。

2. 冷冻机油是制冷压缩机的专用润滑油，它保证压缩机正常运转、可靠工作和延长使用寿命。在空调制冷系统中的作用有：润滑作用、密封作用、冷却作用和降低压缩机噪声的作用。北汽 EV160 电动空调压缩机采用的冷冻机油型号是 POE68。

3. 歧管压力表外接三根橡胶软管：低压软管（蓝色）、高压软管（红色）、维修软管（黄色、绿色或白色）。低压表与低压软管相通，高压表与高压软管相通。低压手动阀控制维修软管与低压软管的通断，高压手动阀控制维修软管与高压软管的通断。

4. 汽车空调制冷系统在正常情况下，低压管路呈低温状态，高压管路呈高温状态。低温区是从膨胀阀出口→蒸发器→压缩机进口处，这些部件表面应该由凉到冷再到凉，连接部分有水露，但不应有霜冻。高温区是从压缩机的出口→冷凝器→储液干燥器→膨胀阀的入口处，这些部件表面温度为 40~65℃，手感热而不烫。

任务工单1.3

任务名称	电动空调系统制冷系统故障检测与修复	学时	8	班级	
学生姓名		学生学号		任务成绩	
实训设备、工具及仪器	多媒体教学设备1套、北汽EV160纯电动汽车4辆（或空调实训台4台）、个人防护用具4套、电子检漏仪4个、歧管压力表组4个、制冷剂注入阀4个、小罐制冷剂4罐。	实训场地	理实一体化教室	日期	
客户任务描述	一辆北汽EV160纯电动汽车空调制冷剂不足，需要进行检漏和补充制冷剂				
任务目的	能够正确、规范地对电动空调制冷系统进行压力检查、进行检漏作业和补充制冷剂作业。				

一、资讯

1. 北汽EV160电动空调制冷系统使用的制冷剂是＿＿＿＿＿＿＿＿＿＿制冷剂，其分子式＿＿＿＿＿＿。

2. 冷冻机油在空调制冷系统中的作用有＿＿＿＿＿＿、＿＿＿＿＿＿、＿＿＿＿＿＿和降低压缩机噪声。

3. 为保护臭氧层，对空调替代制冷剂为R134a、R410a/R407c，为了保证润滑效果，其替代冷冻机油分别采用＿＿＿＿＿＿型和＿＿＿＿＿＿型，其中＿＿＿＿＿＿型的绝缘性要更好，北汽EV160使用的是＿＿＿＿＿＿＿＿。

4. 歧管压力表也称压力表组，它与制冷系统相接可以进行＿＿＿＿、排空、＿＿＿＿、加冷冻机油和＿＿＿＿等。

5. 汽车空调系统是一个封闭的系统，为便于检修，一般在制冷系统高、低压侧各设＿＿＿＿维修阀，用于连接歧管压力表。维修阀有＿＿＿＿＿＿和＿＿＿＿＿＿两种，北汽EV160制冷系统的维修阀是＿＿＿＿＿＿。

6. 汽车空调制冷的低温区是从＿＿＿＿＿＿→＿＿＿＿＿＿→＿＿＿＿＿＿，这些部件表面应该由凉到冷再到凉，连接部分有水露，但不应有霜冻。高温区是从＿＿＿＿＿＿→＿＿＿＿＿＿→储液干燥器→＿＿＿＿＿＿，这些部件表面温度为40~65℃，手感热而不烫。

7. 汽车空调制冷系统的检漏方法常用的有＿＿＿＿＿＿、皂泡检漏法、＿＿＿＿＿＿、检漏灯检漏法、＿＿＿＿＿＿、＿＿＿＿＿＿和＿＿＿＿＿＿等。

8. 写出下图中在使用歧管压力表时可以进行的相关作业形式：

a) 为＿＿＿＿＿＿；b) 为＿＿＿＿＿＿；c) 为＿＿＿＿＿＿；d) 为＿＿＿＿＿＿；

二、计划与决策

请根据任务要求，确定所需要的检测仪器、工具，并对小组成员进行合理分工，制订详细的工作计划。

1. 需要的检测仪器、工具

2. 小组成员分工

3. 计划

三、实施

1. 空调制冷系统压力的检查

1）取下高低压管路维修接口，其中接口比较粗的是＿＿＿＿＿＿＿＿＿。

2）转动歧管压力表高压软管手动阀门使其处于＿＿＿＿＿＿状态，高压软管的颜色为＿＿＿＿＿＿。

3）转动歧管压力表低压软管手动阀门使其处于＿＿＿＿＿＿状态，低压软管的颜色为＿＿＿＿＿＿。

4）将高低压软管连接到高低压管路维修接口上。

5）打开低压管路上的维修接口，观察并记录低压表读数，读数为＿＿＿＿＿＿＿＿。

6）打开高压管路上的维修接口，观察并记录高压表读数，读数为＿＿＿＿＿＿＿＿。

7）判断制冷系统制冷剂量是否合适：＿＿＿＿＿＿＿＿＿。

8）打开空调后等待 15min，读取压力表读数，低压表读数为＿＿＿＿＿＿，高压表读数为＿＿＿＿＿＿。

9）判断制冷系统可能的故障点：＿＿＿＿＿＿＿＿＿。

10）关闭高低压管路维修接口，并取下歧管压力表组。

11）安装高低压管路维修接口防尘帽。

2. 空调制冷系统检漏

1）调整电子检漏仪灵敏度，使＿＿＿＿＿LED 灯点亮，同时检漏仪发出＿＿＿＿＿的滴滴声。

2）进行检漏作业，当滴滴声频率＿＿＿＿＿，同时 LED 灯点亮数量时＿＿＿＿＿，说明有泄漏。

3）记录泄漏点。

3. 补充制冷剂

汽车空调经过一段时间运行后，由于汽车振动等原因，使汽车空调系统的某些部位的接头松动，制冷剂泄漏，制冷效果变差。经过查漏、排漏后，不必排空旧的制冷剂，可以采用＿＿＿＿＿补充不足的制冷剂。

1）取下高低压管路维修接口防尘罩。

2）将高低压软管连接到高低压管路维修接口上。

3）连接制冷剂罐注入阀。

4）排除歧管压力表维修软管中的空气，方法为＿＿。

5）从低压端补充制冷剂，方法为＿＿＿＿＿＿＿＿＿＿＿＿＿＿＿＿＿＿＿＿＿＿＿＿＿＿。

6）打开空调。

7）读取高低压表读数。当高压表读数为＿＿＿＿＿＿＿＿＿＿＿，低压表读数为＿＿＿＿＿＿＿＿＿说明制冷剂适量。

8）先关闭＿＿＿＿＿＿＿＿＿＿＿＿＿＿，然后关闭制冷剂罐注入阀。

9）关闭低压管路上的手动阀门。

10）关闭空调。

四、检查

1）检查制冷系统高低压侧读数，高压侧为：_____。低压侧为：_____。

2）打开空调检查制冷效果_____。

五、评估

1. 请根据自己任务完成的情况，对自己的工作进行自我评估，并提出改进意见。

1）_____

_____

2）_____

_____

3）_____

_____

2. 工单成绩（总分为自我评价、组长评价和教师评价得分值的平均值）

自我评价	组长评价	教师评价	总分

学习单元 1.4 电动压缩机及制冷控制系统故障的检测与修复

 **任务导入**

　　一辆北汽 EV160 电动汽车，打开空调制冷系统后不制冷。经检查发现电动压缩机不工作，原因是控制电源到驱动控制器之间的导线断路。你知道电动压缩机不工作时如何对其驱动控制系统进行诊断吗？

 **学习目标**

1. 能通过仪表盘电流变化判断电动压缩机是否工作。
2. 掌握电动压缩机驱动控制原理。
3. 能迅速找到电动压缩机高低压线路。
4. 能对压缩机不工作故障进行故障点查找与维修。
5. 能对压缩机工作不正常故障进行故障点查找与维修。

 **理论知识**

1.4.1 内燃机汽车空调控制系统

　　传统汽车压缩机控制系统的执行器是压缩机电磁离合器，即通过控制电磁离合器的接合与断开来控制压缩机的工作与否，而压缩机的转速是没有办法改变的。为了在一定转速下控制制冷剂流量，压缩机就必须要设计成可变容积的。

1. 汽车自动空调控制系统的组成

　　以内燃机汽车常用的自动空调控制系统为例，其组成如图 1-4-1 所示，包括信号输入元件、执行元件和空调 ECU。信号输入元件包括车内温度传感器、车外温度传感器、太阳能传感器、蒸发器温度传感器、空调压缩机转速传感器、加热器温度传感器、烟雾通风传感器、空调压力传感器或开关、发动机转速传感器、压缩机转速传感器、各风门电机的位置传感器或开关以及空调控制键等。执行元件包括混合门电机、模式门电机、进气门电机、鼓风机电机、压缩机离合器、压缩机电磁阀、冷凝器散热风扇和各种空调状态指示灯等。

2. 汽车自动空调控制系统的工作原理

　　空调 ECU 根据各种输入信号，按照预先编制的程序，控制执行元件动作，完成空气的调节。自动空调一般具有送风温度控制、送风速度控制、送风方向控制、进气模式控制、压缩机控制和自诊断功能等。

　　（1）送风温度控制　送风温度控制是通过调节混合门的位置，调节出风口的空气温度。ECU 根据设定温度、车内温度传感器、车外温度传感器、太阳能传感器、蒸发器温度传感器、空气混合门电机位置传感器等信号，自动调节混合门的位置。一般来说，设定温度越

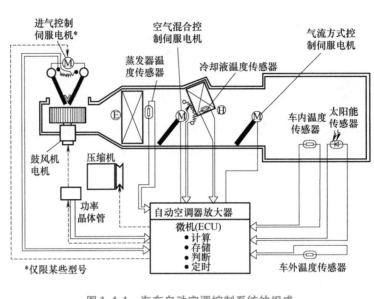

图 1-4-1　汽车自动空调控制系统的组成

低，车内温度越高，车外温度越高，阳光越强，蒸发器温度越高，混合门就越接近"全冷"位置。

（2）送风速度控制　送风速度控制是通过调节鼓风机转速控制送风速度，调节室内空气降温或升温速度。可以实现自动控制、预热控制、时滞控制、鼓风机起动控制、车速补偿、极速控制和手动控制等功能。

1）自动控制。当接通 AUTO 开关时，空调 ECU 进行鼓风机转速自动控制。一般来说，设定温度降低、车内温度越高、车外温度越高、阳光越强、蒸发器温度越高，鼓风机转速就越高。

2）预热控制。冬天，车辆长时间停放后，若马上打开鼓风机，此时吹出的是冷空气而不是想要的暖风。因此，鼓风机要在冷却液温度升高时，才能逐步转向正常工作。

鼓风机预热控制时，控制面板 AUTO 开关接通，工作模式设为 FOOT（吹脚）或 BI-LEVEL（双通道：吹脚和吹脸），ECU 根据发动机冷却液温度传感器检测发动机冷却液的温度，当冷却液温度低于 30℃时，鼓风机停转；当冷却液温度高于 30℃时，鼓风机正常运转。

3）时滞控制。夏天，汽车长时间停驻在高温环境下，若马上打开鼓风机，此时吹出的是热风而不是想要的冷风。因此，鼓风机不能马上工作，而是滞后一段时间，蒸发器温度降低后才工作。

当发动机运转，压缩机已工作，控制面板 AUTO 开关接通，工作模式设置在 FACE 或 BI - LEVEL 时，ECU 对鼓风机的时滞控制过程如下：

① 当蒸发器温度高于 30℃时，压缩机接通后，ECU 控制鼓风机电机断开 4s，等待冷风装置内的空气冷却降温。此后 ECU 控制鼓风机低速运转 5s，使冷却的空气送至乘客舱，如图 1-4-2 所示。

② 当蒸发器温度低于 30℃时，压缩机接通后，ECU 控制鼓风机低速运转 5s，如图 1-4-3 所示。

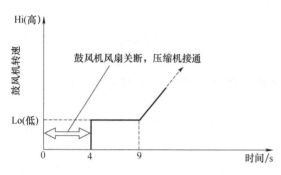

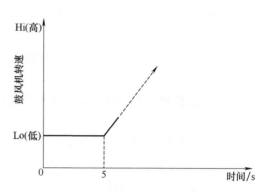

图 1-4-2 时滞控制（蒸发器温度高于 30℃）　　　图 1-4-3 时滞控制（蒸发器温度低于 30℃）

4）鼓风机起动控制。鼓风机在起动时，工作电流会比稳定工作时大很多，为了防止烧坏鼓风机控制装置，不论鼓风机目标转速多少，在鼓风机起动时为低速运转，然后才逐步升高，直至目标转速。

5）车速补偿。车速高时，迎面风冷却强度大，鼓风机的转速可适当降低，使之与汽车低速行驶时具有一样的感觉。

6）极速控制。有些车型，当设定温度处于最低（18℃）或最高（32℃）时，鼓风机转速会固定为高速运转。

7）手动控制。ECU 根据控制面板手动开关的操纵信号，将鼓风机驱动信号送至功率晶体管，从而控制鼓风机的转速。

（3）送风方向控制　送风方向控制就是通过调节模式风门来改变送风方向，提高舒适性。在手动模式中，模式风门有吹脸、双通道、吹脚、吹脚/除雾、除雾五种位置；在自动模式中，模式风门一般有吹脸、吹脚和双通道三种位置。ECU 根据传感器信号按照"头冷脚热"的原则自动调节模式风门的位置。一般来说，随着设定温度降低、车内温度升高、车外温度升高或阳光增强，模式风门就由吹脚位置、双通道向吹脸位置转动，同时控制面板上相应的吹脚指示灯、双通道指示灯、吹脸指示灯点亮。

（4）进气模式控制　进气模式控制就是通过调节进气风门来调节进入车厢的新鲜空气量，使车内空气温度和质量达到最佳。在自动模式中，ECU 根据传感器信号自动调节进气风门的位置。一般来说，随着设定温度降低，车内温度升高，车外温度升高，阳光增强，进气风门就由 FRESH 位移至 RECIRC 位；反之，就由 RECIRC 位移至 FRESH 位。同时控制面板上相应的 RECIRC 指示灯和 FRESH 指示灯点亮。

该控制系统还有一种新鲜空气强制进气控制功能，当手动按下 DEF 开关时，将进气方式强制转变为 FRESH 方式，以清除风窗玻璃上的雾气。除此之外，有些进气模式控制还可改变新鲜空气与循环空气的混合比例。

（5）压缩机控制

1）基本控制。ECU 根据车内温度、车外温度、蒸发器温度和设定温度等参数，自动控制压缩机的通断，调节蒸发器表面温度，并防止蒸发器表面结冰。

2）低温保护。当车外环境温度低于某值（3℃或8℃）时，压缩机停止工作，防止压缩机的损耗。

3）高速控制。当发动机转速超过某转速时，压缩机停止工作，防止压缩机转速过高而造成损坏。

4）加速切断。当发动机处于急加速工况时，为了保证发动机足够的动力，压缩机暂时停止工作。

5）高温控制。当发动机冷却液温度超过某值（109℃）时，压缩机停止工作，防止发动机冷却液温度进一步上升。

6）打滑保护。当压缩机卡死导致传送带打滑时，压缩机停止工作，防止传送带负荷过大而断裂，进而影响水泵、发电机等的工作。

7）低速控制。当发动机转速低于某转速（600r/min）时，压缩机停止工作，防止发动机失速。

8）低压保护。当制冷系统压力低于某值（500kPa）时，压缩机停止工作，防止压缩机在系统制冷剂不足条件下工作，造成压缩机损坏。

9）高压保护。当系统压力超过某值（2800kPa）时，压缩机停止工作，防止空调系统瘫痪。

10）可变排量压缩机的控制。空调ECU根据空调管路高压侧压力、低压侧压力、蒸发器表面温度、发动机冷却液温度或发动机转速等信号改变压缩机容量。

1.4.2 北汽EV160电动空调控制系统

北汽EV160电动空调控制系统电路如图1-4-4所示，其工作原理为：通过空调面板采集风速调节旋钮、温度调节旋钮、A/C开关和模式循环开关上的按钮信号，并将所采集到的按钮信号发送给整车控制器（VCU），然后VCU根据空调面板发送的按钮信号、蒸发器温度传感器所采集到的温度信号、BMS发送的电池信息按照预设策略对压缩机、PCT加热器、冷凝器风扇和散热风扇进行控制，以实现空调功能。

1. 开关控制

（1）汽车静止时　VCU通过CAN方式从BMS获取动力电池的电池信息，根据动力电池剩余电量（SOC）和最大可放电功率来判断电动空调压缩机是否可以运转。一般来说当剩余电量小于5%或者最大可放电功率小于6kW时，空调系统不能使用。

当空调在使用过程中，剩余电量小于3%或者最大可放电功率小于5kW时，VCU会关闭空调，以防止动力电池过放电。

（2）汽车行驶中　VCU判断车辆剩余续驶里程是否低于某一预设数值，若低于该数值，则VCU通过仪表对驾驶人进行提示，以提示驾驶人可通过关闭空调系统来延长续驶里程。通常该数值设定为30km。

（3）汽车在充电中　当车辆处于充电模式下时，VCU根据BMS CAN报文获取动力电池的剩余电池电量，考虑到车辆在充电时开启空调动力电池的SOC有可能会降低（电池的输入功率低于空调系统的消耗功率时），为防止动力电池因空调系统工作而造成过放电，当电池SOC低于10%时，禁止使用空调。

当空调在使用过程中，剩余电量小于5%时，VCU会关闭空调，以防止动力电池过放电。

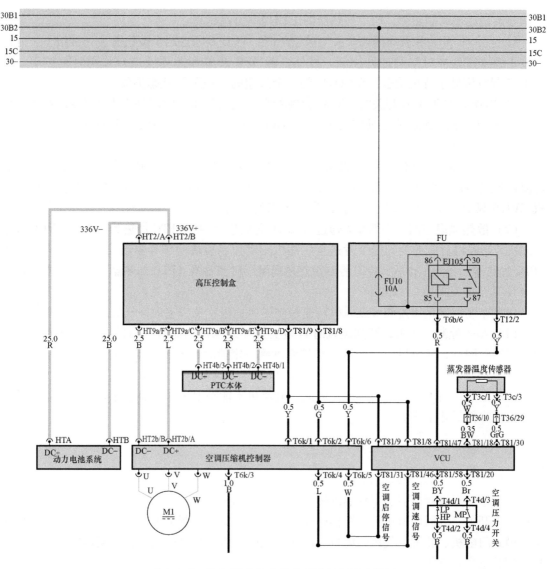

图 1-4-4 北汽 EV160 电动空调控制系统电路图

2. 模式控制

VCU 根据从温度调节旋钮采集到的信号、A/C 开关信号和循环模式开关信号控制空调的工作模式。具体控制过程如下:

1) 当 A/C 开关和循环模式开关均未被按下或温度调节旋钮处于中间状态时,VCU 不对压缩机与 PTC 加热器进行控制,此时空调处于待机状态。

2) 当 A/C 开关被按下时,VCU 会通过 CAN 网络向压缩机控制器发送使能命令与转速值。其中,转速值是 VCU 根据温度调节旋钮所确定的冷暖风门位置计算而来的。压缩机的转速值与冷暖风门位置呈非线性关系,温度调节旋钮越偏向制冷侧,压缩机转速就越高。

3) 当仅循环模式开关被按下时,VCU 会通过 CAN 网络向 PTC 控制器发送使能命令与 PTC 加热器的工作功率值。其中,PTC 加热器的工作功率值是 VCU 根据温度调节旋钮所确定的冷暖风门位置计算而来的。PTC 加热器的工作功率值与冷暖风门位置呈非线性关系,温度调节旋钮越偏向制热侧，PTC 加热器的工作功率值就越高。

4）当 A/C 开关和循环模式开关均被按下时，VCU 判断这两个按钮哪个先被按下，并以先按下的按钮为准对空调进行控制。另外，若 A/C 开关和循环模式开关同时被按下，则 VCU 控制空调处于待机状态，直到其中的一个按钮的"按下"状态消失。

5）当连续按动 A/C 开关时，VCU 会判断距离上次关闭的时间是否大于 30s，若满足该条件，则 VCU 向压缩机发出使能命令，否则延时 30s 后发出使能命令，以保护压缩机。

3. 风扇控制

（1）冷凝器风扇控制　VCU 根据 A/C 信号、冷暖选择信号、制冷系统压力信号来控制冷凝器风扇转速，防止制冷系统压力过高，达到用户要求制冷量的目的。和传统汽车相比北汽 EV160 只要 A/C 开关接通，空调冷凝器风扇就开始工作。

（2）散热风扇控制　当驾驶人通过 A/C 开关关闭压缩机（PTC 加热器）之后，VCU 通过压缩机控制器将对应的关闭指令发送至压缩机驱动控制模块（PTC 驱动控制板），在压缩机（PTC 加热器）停止工作后，VCU 控制散热风扇继续对蒸发器（PTC 加热器）散热一段时间。

4. 送风速度控制

送风速度控制是通过调节鼓风机转速控制送风速度，调节室内空气的降温或升温速度。

（1）预热控制　冬天，开到暖风时若马上打开鼓风机，此时吹出的是冷空气而不是想要的暖风。因此，鼓风机要在 PTC 加热器温度到一定值时，才能逐步转向正常工作。

（2）时滞控制　夏天，车内温度较高，若打开空调制冷系统就马上打开鼓风机，则此时吹出的是热风而不是想要的冷风。因此，鼓风机不能马上工作，而是滞后一段时间，等蒸发器温度降低后才工作。

1.4.3 北汽 EV160 电动压缩机控制系统

北汽 EV160 电动压缩机控制系统包括信号输入元件、执行元件和空调 ECU。信号输入元件包括车内温度传感器、车外温度传感器、蒸发器温度传感器、空调压缩机转速传感器、空调压力开关、各风门电机的位置传感器或开关以及空调控制键等。执行元件包括电动压缩机、模式门电机、新鲜空气风门电机、内循环风门电机、鼓风机电机、冷凝器散热风扇和各种空调状态指示灯等。

由于北汽 EV1160 电动空调系统采用的压缩机为电动压缩机，其本身具有调速功能，所以其控制系统与传统空调压缩机控制有明显不同。图 1-4-5 为北汽 EV160 电动压缩机驱动控制模块电路连接图。

1. 占空比控制

电动压缩机占空比控制原理如图 1-4-6 所示。

电动压缩机控制器根据 VCU 传来的 A/C 信号、冷暖选择信号、鼓风机信号以及各传感器传来的车内温度、车外温度、蒸发器温度等参数自动控制电动压缩机电机的转速，从而调节蒸发器表面温度，并防止蒸发器表面结冰，达到调节空调制冷量的目的。

2. 欠电压、过电压保护

当动力电源电压过低（低于 $260 \pm 5V$）时，驱动器将自动切断电路以保护电池与电动压缩机。在不重启电动压缩机的情况下，若电源电压回升至 $275 \pm 5V$，电动压缩机自动重新启动。

当动力电源电压过高（高于 $380 \pm 5V$）时，驱动控制器将自动切断电路以保护电池与电

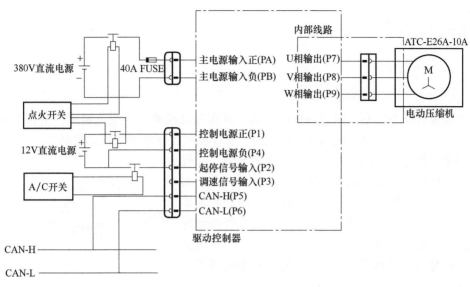

图 1-4-5　北汽 EV160 电动压缩机驱动控制模块电路连接图

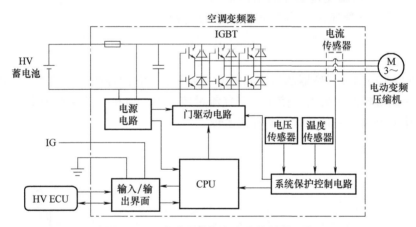

图 1-4-6　电动压缩机占空比控制原理图

动压缩机。

3. 过电流保护

当电路中电流过高时，驱动器将自动切断电路以避免电流过大对电动压缩机及驱动器造成损坏。

4. 低温保护

当车外环境温度低于某值（3℃或8℃）时，电动压缩机停止工作，防止电动压缩机的损耗。

5. 高、低压保护

当空调压力开关检测到系统压力高于设定值时，电动压缩机停止工作，防止空调系统瘫痪。

当制冷系统压力低于设定值时，电动压缩机停止工作，防止电动压缩机在系统制冷剂不足条件下工作，造成损坏。

学习情境1　电动空调系统检测与修复

1.4.4 信号输入元件

1. 车内温度传感器

车内温度传感器也叫出风口温度传感器，其作用是检测车内空气温度，空调 ECU 根据此信号进行送风温度控制、鼓风机转速控制、工作模式控制和进气模式控制等。

车内温度传感器采用负温度系数的热敏电阻，一般安装在仪表板后面，安装位置如图 1-4-7 所示。由于车内温度传感器安装位置较封闭，为了准确及时地测量车内平均温度，必须采用强制通风装置将车内空气强制导向车内温度传感器。按强制导向气流方式不同，车内温度传感器可分为吸气器型车内温度传感器和电机型车内温度传感器。

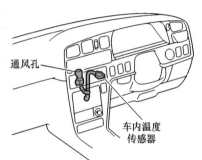

图 1-4-7　车内温度传感器的安装位置

1）吸气器型车内温度传感器的结构如图 1-4-8 所示，它是用一根抽风管连接车内温度传感器与空调管道，连接处空调管道上有一喉管。鼓风机工作时，空气快速流过喉管，产生负压，将车内空气吸入，流过车内温度传感器。

2）电机型车内温度传感器的结构如图 1-4-9 所示，它的强制通风装置是由电机带动一个小风扇，风扇旋转产生吸力，使车内空气流过传感器。电机一般由空调 ECU 来控制，在空调系统工作或点火开关打开时，电机就运转。

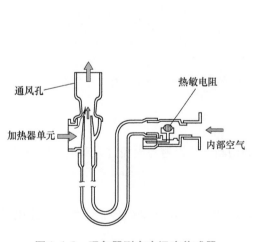

图 1-4-8　吸气器型车内温度传感器

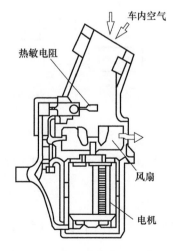

图 1-4-9　电机型车内温度传感器

2. 车外温度传感器

车外温度传感器的作用是检测车外环境温度，又称环境温度传感器。空调 ECU 根据此信号进行送风温度控制、鼓风机转速控制、工作模式控制、进气模式控制、压缩机控制等。

车外温度传感器一般安装在前保险杠内或散热器之前，如图 1-4-10 所示，采用负温度系数的热敏电阻，其结构如图 1-4-11 所示。由于车外温度传感器极容易受到环境（散热器温度，前面车辆的排气等）影响，为此，可用两种方法消除环境影响，一种是将车外温度传感器包在一个注塑料树脂壳内，避免环境温度突然变化的影响，使其能准确地检测到车外的平均气温。另一种是在空调 ECU 内部设置防假输入电路。

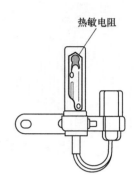

图 1-4-10　车外温度传感器的安装位置　　　　图 1-4-11　车外温度传感器

3. 太阳能传感器

太阳能传感器的作用是检测阳光强弱，空调 ECU 根据此信号进行送风温度控制、鼓风机转速控制、工作模式控制和进气模式控制等。

太阳能传感器通常安装在仪表台上面，靠近前风窗玻璃的底部，如图 1-4-12 所示。太阳能传感器用光敏二极管检测太阳辐射强度，其结构如图 1-4-13 所示，光敏二极管电阻与太阳辐射强度的关系如图 1-4-14 所示。

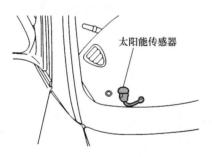
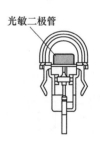

图 1-4-12　太阳能传感器的安装位置　　　　图 1-4-13　太阳能传感器

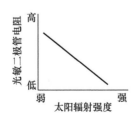

图 1-4-14　光敏二极管电阻与太阳辐射强度的关系

4. 蒸发器温度传感器

蒸发器温度传感器安装在蒸发器的表面，如图 1-4-15 所示。采用负温度系数的热敏电阻，其结构如图 1-4-16 所示。其作用是检测蒸发器表面的温度，修正混合门位置，调节车内温度；控制压缩机，防止蒸发器表面结冰。有些车型有两个蒸发器温度传感器，一个用来修正混合门位置，一个用来防止蒸发器表面结冰。

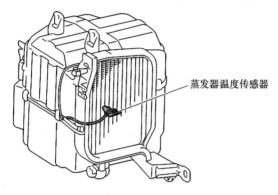

图 1-4-15　蒸发器温度传感器的安装位置　　　　图 1-4-16　蒸发器温度传感器

5. 加热器温度传感器

加热器温度传感器采用负温度系数的热敏电阻，安装在暖风装置里面，其作用是检测暖风装置加热器芯温度，修正混合门位置，控制压缩机和鼓风机。现在多采用发动机冷却液温度传感器代替，冷却液温度信号由发动机 ECU 传送，如图 1-4-17 所示。

6. 烟雾通风传感器

烟雾通风传感器安装在车辆前面部分，如图 1-4-18 所示。其作用是检测一氧化碳、碳氢化合物和氮氧化物的含量，以便控制进气风门在 FRESH 和 RECIRC 之间切换。

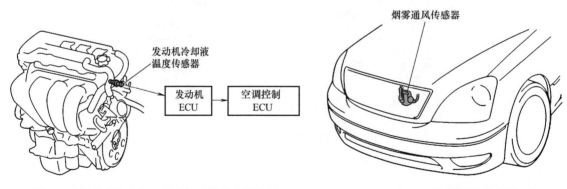

图 1-4-17　发动机冷却液温度传感器的安装位置　　　　图 1-4-18　烟雾通风传感器

7. 空调压力传感器

空调压力传感器安装在高压管路上，（图 1-4-19），其作用是检测制冷管路系统压力，当压力过低或过高时，空调 ECU 控制压缩机停转；当压力达到一中等压力时，冷凝器散热风扇高速旋转。

8. 空调压缩机转速传感器

空调压缩机转速传感器安装在压缩机壳体上（图 1-4-20），其作用是检测压缩机的转速，送到空调 ECU。空调 ECU 将压缩机转速和发动机转速进行比较，判断压缩机动带是否

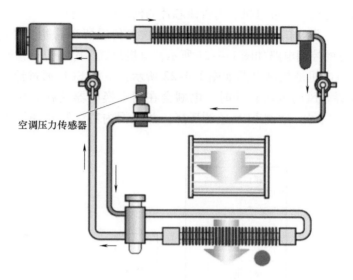

图 1-4-19 空调压力传感器

打滑或断裂。当压缩机传动带打滑或断裂时，空调 ECU 或空调控制器控制压缩机停转，防止损坏压缩机。

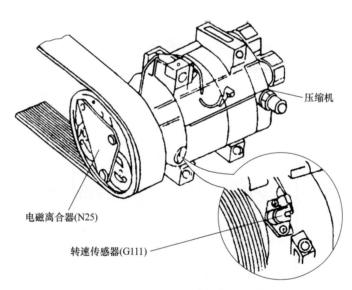

图 1-4-20 空调压缩机转速传感器

空调压缩机转速传感器一般为磁电式，其电阻一般为 100~1000Ω，压缩机运转时，其输出交流信号电压，一般不低于 5V。

北汽 EV160 电动压缩机采用的是直流无刷无传感器电机，即没有转速传感器。

1.4.5 执行元件

1. 混合门电机

混合门电机驱动混合门，改变进入车内的冷气和热气的比例，调节车内空气温度。混合门电机可分为直流电机、步进电机、内含微芯片的伺服电机三种。

（1）直流电机　混合门直流电机有内置电机位置传感器和脉冲信号定位电机两种。内置电机位置传感器的控制电路如图 1-4-21 所示，电机位置传感器位于直流电机内部。

脉冲信号定位电机的控制电路如图 1-4-22 所示，空调 ECU 通过计算风门控制回路的脉冲确定风门位置。风门电机转动时，电刷会在两个换向器接触时短路，由此产生的电压波动会引起脉冲信号。空调 ECU 监测压降，并根据内部电阻检测脉冲，以此确定风门电机位置。

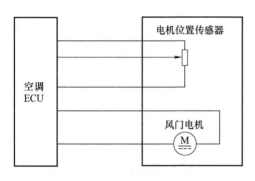

图 1-4-21　内置电机位置
传感器的控制电路

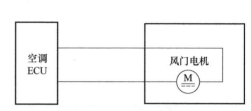

图 1-4-22　脉冲信号定位的风门
直流电机电路

（2）步进电机　混合门步进电机的控制电路如图 1-4-23 所示，由于步进电机具有自定位的功能，无混合门电机位置传感器。

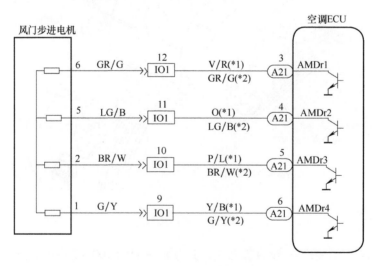

图 1-4-23　混合门步进电机电路

（3）内含微芯片的伺服电机　按照电机与空调 ECU 连接方式不同，内含微芯片的伺服电机分为总线连接型和无总线连接型。总线连接型的控制电路如图 1-4-24 所示，普遍用在新款车型上，如风度、新款奔驰等。无总线连接型的控制电路如图 1-4-25 所示，主要用在通用车系上。

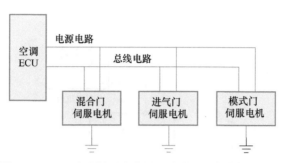

图 1-4-24　总线连接型内含微芯片的风门伺服电机电路

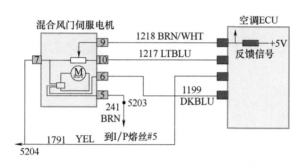

图 1-4-25　无总线连接型内含微芯片的混合门伺服电机电路

2. 模式门电机

模式门电机用于驱动模式门，调节出风口出风方式，可以组织吹脸、双层、吹脚、吹脚/除雾、除雾五种出风类型。常用的模式门电机有直流电机和内含微芯片的伺服电机。

（1）直流电机　模式门直流电机有内置电机位置传感器、内置电机位置开关和脉冲信号定位三种。内置电机位置传感器的电机控制电路和脉冲信号定位的电机控制电路分别与混合门电机的控制电路相似。内置电机位置开关的模式门直流电机应用于本田、马自达、日产等车型，其控制电路如图 1-4-26 所示。

（2）内含微芯片的伺服电机　内含微芯片的模式门伺服电机有总线连接型和无总线连接型两种。

3. 进气门电机

进气门电机驱动进气门，调节新鲜空气循环量。常用的进气门电机有直流电机和内含微芯片的伺服电机两种。

（1）直流电机　进气门直流电机有内置电机位置传感器、内置限位开关和脉冲信号定位三种。

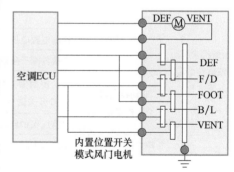

图 1-4-26　内置电机位置开关的
模式门直流电机电路

内置电机位置传感器的电机控制电路和脉冲信号定位的电机控制电路分别与混合门电机的控制电路相似。内置限位开关的风门直流电机控制控制电路如图 1-4-27 所示。

（2）内含微芯片的伺服电机　内含微芯片的伺服电机有总线连接型和无总线连接型两种。

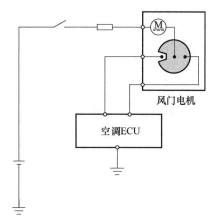

图 1-4-27　内置限位开关的进气门直流电机电路

 实践技能

1.4.6　压缩机不工作时压缩机及控制系统的检修

北汽 EV160 电动空调系统当电动压缩机不工作时，能听到电动压缩机没有起动时的声音，而且仪表盘上电源电流无变化。当有上述两种现象时，可以断定电动压缩机未起动。

1. 电动压缩机未起动故障检修表

电动压缩机未起动故障时的检修见表 1-4-1。

表 1-4-1　电动压缩机未起动故障检修表

故障现象	故障类别	故障原因	检测及排除措施
压缩机未起动或电源电流无变化	驱动控制器不工作	12V DC 控制电源未通入驱动控制器	检查控制电源到驱动控制器之间的导线是否有断路
		控制电源电压不足或超压	测量控制电源电压是否达到要求（9～15V）
		插接件端子接触不良或松脱	检查驱动控制器控制电源插头端子是否松脱
	驱动控制器工作正常	驱动控制器未接收到空调系统的 A/C 开关信号	检查 A/C 开关及其导线[①]
		欠电压保护启动	关闭整车主电源检查压缩机供电[②]
	压缩机不工作	压缩机卡滞、损坏	更换压缩机
起动时电动压缩机有轻微抖动，电源电流有变化随后降为 0	电机过电流保护	系统压差过大使电机负载过大，导致的过电流保护启动	保证冷凝器风机正常工作，待系统压力平衡后再次起动 制冷剂过量
		电机断相导致的过电流保护启动	检查驱动控制器与电机连接的三相插头及相关导线，保证其接触良好及导通

① 检查 A/C 开关是否有故障；检查与 A/C 开关相连的导线是否断路；检查 A/C 开关是否正确接地，低电平（0～0.8V）起动电动压缩机，接高电平或悬空关闭电动压缩机。

② 检查驱动控制器主电源输入接口处的接插件端子是否有松脱；主电源到驱动控制器之间的导线是否断路，控制主电源输入的熔丝是否烧断。

2. 电动压缩机未起动时故障诊断

1）检查鼓风机是否正常工作，如果鼓风机不工作则重点检查 A/C 开关及其导线。

2）重新打开空调，观察仪表盘电源电流是否有变化。

① 如果有变化说明电动压缩机及其驱动控制器正常，此时先保证冷凝器风扇正常工作、保证驱动控制器高压电路连接良好，然后用歧管压力表组读取高低压侧压力，判断制冷剂是否过量。如果过量，则放出适量制冷剂。

② 如果无变化说明电动压缩机或驱动控制器不工作。此时先保证驱动控制器低压电源连接正常，然后检查蓄电池电压是否正常，如果蓄电池电压过低则对其进行充电并检查 DC/DC 变换器是否正常工作，最后检查高压盒中电动空调熔丝是否烧毁。如果烧毁则更换熔丝。

3）若电动压缩机损坏，此时应更换电动压缩机。

1.4.7 压缩机不正常工作时电动压缩机及控制系统的检修

当电动压缩机不正常工作时，能听到电动压缩机发出异响。电动压缩机不正常工作时故障的检修见表 1-4-2。

表 1-4-2 电动压缩机不正常工作时故障检修表

故障现象	故障类别	故障原因	检测及排除措施
电动压缩机异响	制冷系统故障	系统压差过大使电机负载过大，导致的过电流保护启动	保证冷凝器风机正常工作，待系统压力平衡后再次起动
	控制系统故障	电机断相导致的过电流保护启动	检查驱动控制器与电机连接的三相插头及相关导线，保证其接触良好及导通
	电动压缩机故障	缺少冷冻机油	加注冷冻机油

 单元小结

1. 自动空调控制系统包括信号输入元件、执行元件和空调 ECU。信号输入元件包括车内温度传感器、车外温度传感器、太阳能传感器、蒸发器温度传感器、空调压缩机转速传感器、加热器温度传感器、烟雾通风传感器、空调压力传感器或开关、发动机转速传感器、压缩机转速传感器、各风门电机的位置传感器或开关以及空调控制键等。执行元件包括混合门电机、模式门电机、进气门电机、鼓风机电机、压缩机离合器、压缩机电磁阀、冷凝器散热风扇和各种空调状态指示灯等。

2. 自动空调一般具有送风温度控制、送风速度控制、送风方向控制、进气模式控制、压缩机控制和自诊断功能等。

3. 电动压缩机占空比控制原理是：电动压缩机控制器根据 VCU 传来的 A/C 信号、冷暖选择信号、鼓风机信号以及各传感器传来的车内温度、车外温度、蒸发器温度等参数自动控制压缩机电机的功率，从而调节蒸发器表面温度，并防止蒸发器表面结冰，达到调节空调制冷量的目的。

4. 北汽 EV160 电动空调系统当电动压缩机不工作时，能听到电动压缩机没有起动时的声音，而且仪表盘上电源电流无变化。

任务工单1.4

任务名称	电动压缩机及控制系统故障检查与修复	学时	4	班级	
学生姓名		学生学号		任务成绩	
实训设备、工具及仪器	多媒体教学设备 1 套、北汽 EV160 纯电动汽车 4 辆（或空调实训台 4 台）、绝缘工具 4 套、个人防护用具 4 套、歧管压力表组 4 个、万用表 4 个。	实训场地	理实一体化教室	日期	
客户任务描述	一辆北汽 EV160 纯电动汽车空调不制冷，更换空调电动压缩机熔丝。				
任务目的	能够正确、规范地进行下、上电作业，能对电动压缩机不工作故障进行检修。				

一、资讯

1. 传统汽车压缩机控制系统的执行器是＿＿＿＿＿＿＿＿＿＿＿，即通过控制电磁离合器的＿＿＿＿＿＿＿＿＿＿＿来控制压缩机的工作与否，而压缩机的转速是＿＿＿＿＿＿＿＿＿＿＿改变的。

2. 汽车自动空调控制系统由＿＿＿＿＿＿＿＿＿＿＿、＿＿＿＿＿＿＿＿＿＿＿和＿＿＿＿＿＿＿＿＿＿＿组成。

3. 信号输入元件包括＿＿＿＿＿＿＿＿＿＿＿、＿＿＿＿＿＿＿＿＿＿＿、＿＿＿＿＿＿＿＿＿＿＿、蒸发器温度传感器、空调压缩机转速传感器、加热器温度传感器、烟雾通风传感器、＿＿＿＿＿＿＿＿＿＿＿、发动机转速传感器、压缩机转速传感器、各风门电机的位置传感器或开关以及空调控制键等。

4. 自动空调一般具有＿＿＿＿＿＿＿＿＿＿＿、＿＿＿＿＿＿＿＿＿＿＿、送风方向控制、＿＿＿＿＿＿＿＿＿＿＿、＿＿＿＿＿＿＿＿＿＿＿和自诊断功能等。

5. 北汽 EV160 电动压缩机控制器根据 VCU 传来的＿＿＿＿＿＿＿＿＿、＿＿＿＿＿＿＿＿、鼓风机信号以及各传感器传来的＿＿＿＿＿＿＿＿＿＿、车外温度、＿＿＿＿＿＿＿＿＿＿等参数，自动控制＿＿＿＿＿＿＿＿＿＿，＿＿＿＿＿＿＿＿＿＿，并防止蒸发器表面结冰，达到调节＿＿＿＿＿＿＿＿＿＿＿的目的。

6. 北汽 EV160 压缩机控制有＿＿＿＿＿＿＿＿＿＿＿、＿＿＿＿＿＿＿＿＿＿＿、＿＿＿＿＿＿＿＿＿＿＿和高压保护等。

二、计划与决策

请根据任务要求，确定所需要的检测仪器、工具，并对小组成员进行合理分工，制订详细的工作计划。

1. 需要的检测仪器、工具

2. 小组成员分工

3. 计划

三、实施

电动压缩机不工作时压缩机及控制系统的检修。

1）打开空调。

2）观察仪表盘电流，读数为＿＿＿＿＿＿＿＿＿＿，说明电动压缩机＿＿＿＿＿＿＿＿＿＿（是否工作）。

3）检查出风口是否有风，说明 A/C 开关＿＿＿＿＿。

4）重新打开空调，观察仪表盘电流有无突变，说明电动压缩机＿＿＿＿＿（是否起动过）。

5）整车下电。

6）检查低压控制线路是否连接正常。

7）检查蓄电池电压：＿＿＿＿＿＿＿＿＿，说明低压供电＿＿＿＿＿＿＿＿＿。

8）打开高压盒。

9）检查电动压缩机熔丝电阻：＿＿＿＿＿＿＿＿＿，说明电动压缩机熔丝＿＿＿＿＿＿＿＿＿。

10）更换新的熔丝。

11）整车上电＿＿＿＿＿＿＿＿＿。

12）打开空调，检查空调是否正常工作：＿＿＿＿＿＿＿＿＿。

四、检查

打开空调检查制冷效果：＿＿＿＿＿＿＿＿＿＿＿＿＿＿＿＿＿＿。

五、评估

1. 请根据自己任务完成的情况，对自己的工作进行自我评估，并提出改进意见。

1）＿＿＿＿＿＿＿＿＿＿＿＿＿＿＿＿＿＿＿＿＿＿＿＿＿＿＿＿＿＿＿＿＿＿＿＿

＿＿＿＿＿＿＿＿＿＿＿＿＿＿＿＿＿＿＿＿＿＿＿＿＿＿＿＿＿＿＿＿＿＿＿＿＿＿

2）＿＿＿＿＿＿＿＿＿＿＿＿＿＿＿＿＿＿＿＿＿＿＿＿＿＿＿＿＿＿＿＿＿＿＿＿

＿＿＿＿＿＿＿＿＿＿＿＿＿＿＿＿＿＿＿＿＿＿＿＿＿＿＿＿＿＿＿＿＿＿＿＿＿＿

3）＿＿＿＿＿＿＿＿＿＿＿＿＿＿＿＿＿＿＿＿＿＿＿＿＿＿＿＿＿＿＿＿＿＿＿＿

＿＿＿＿＿＿＿＿＿＿＿＿＿＿＿＿＿＿＿＿＿＿＿＿＿＿＿＿＿＿＿＿＿＿＿＿＿＿

2. 工单成绩（总分为自我评价、组长评价和教师评价得分值的平均值）

自我评价	组长评价	教师评价	总分

一辆北汽 EV160 行驶里程 200000km。客户反映空调暖风不热。经检查，PTC 加热器损坏，需要更换 PTC 加热器。你知道 PTC 加热器在什么位置吗？如何更换 PTC 加热器呢？

1. 能迅速找到电动空调暖风系统各部件的安装位置。

2. 掌握新能源汽车空调 PTC 加热器的拆装流程。

3. 能熟练查阅维修手册找到 PTC 加热器的供电电路。

4. 能正确迅速地更换 PTC 加热器熔丝。

5. 掌握新能源汽车空调暖风系统故障的诊断和排除方法。

汽车空调取暖系统是汽车冬季运行时供车内取暖的设备总称，可将新鲜空气或液体介质送入热交换器，吸收其中某种热源的热量，从而提高空气或液体介质的温度，并将热空气或被加热的液体送入车内，直接或通过热交换器，提高车内环境温度；当车上玻璃结霜和结雾时，可以输送热风用来除霜和除雾，达到舒适性和安全性的要求。

1.5.1 汽车空调取暖系统

1. 汽车空调取暖系统的主要作用

1）加热器和蒸发器一起将冷热空气调节到人所需要的舒适温度。现代汽车空调已经发展到冷暖一体化的水平，可以随时对车厢内的空气温度进行调节。

2）冬季取暖。冬天由于天气寒冷，人在运动的汽车内会感到更寒冷。这时，汽车空调可以向车内提取暖气，以提高车厢内的温度，使乘员感觉到舒适。

3）车上玻璃除霜。冬季或者春秋季，室内外温差较大，车上玻璃会结霜或起雾，影响驾驶人和乘客的视线，这样不利于行车安全，这时可以用热风除霜和除雾。

2. 内燃机汽车空调取暖系统的分类

内燃机汽车空调取暖系统的种类很多，根据热源不同，汽车暖风装置可分为如下几种形式：

（1）水暖式暖风装置　利用发动机冷却液的热量进行取暖，这种形式多用于轿车、大型货车及采暖要求不高的大客车上。

（2）气暖式暖风装置　利用发动机排气系统的热量进行取暖，这种形式多用于风冷式发动机汽车和有特殊要求的汽车。

（3）独立燃烧式暖风装置　指装有专门燃烧的机构的暖风装置，这种形式多用在大客车上。

（4）综合预热式暖风装置 指既利用发动机冷却液的热量，又装有燃烧预热器的综合加热装置，这种形式多用于豪华大客车。

根据空气循环方式，汽车取暖系统又可分为：

（1）内气式（又称内循环式） 利用车内空气循环，将车厢内部空气（用过的）作为载热体，让其通过热交换器升温，使升温后的空气再进入车厢内取暖。这种方式消耗热源少，升温快，但从卫生标准看，是最不理想的。

（2）外气式（又称外循环式） 利用车外空气循环，全部使用车外新鲜空气作为载热体，让其通过热交换器升温，使升温后的空气再进入车厢内取暖。从卫生标准看，外气式是最理想的，但消耗热源也最大，初始升温慢，经济性较差。

（3）内外气并用式（又称内外混合式） 既引进车外新鲜空气，又利用部分车内的原有余气，以新旧空气的混合体作为载热体，通过热交换器，向车厢里取暖。从卫生标准和热源消耗看，正好介于内气式和外气式之间，但此种方式控制比较复杂，多应用在高档轿车自动空调系统中。

不论是利用何种热源，热量都是通过热交换装置传递给空气，并通过鼓风机把热空气送入车厢内。

1.5.2 电动汽车空调系统暖风常用方案

1. 热泵式

电动汽车热泵式空调系统如图 1-5-1 所示，主要由电动压缩机、单向阀、四通换向阀、节流装置（双向热力膨胀阀）、室内换热器、室外换热器和气液分离器等组成。

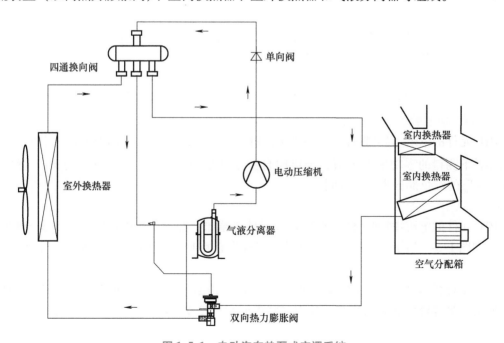

图 1-5-1 电动汽车热泵式空调系统

制冷模式下，电动压缩机出口排出的高温高压制冷剂气体经单向阀、四通换向阀进入室外换热器，在室外换热器内向外界空气放热冷凝为高温高压的制冷剂液体，流经双向热力膨胀阀进行节流降压，节流后制冷剂变为低温低压的制冷剂蒸气进入室内换热器，吸收室内空气热量以达到降低车厢内温度的目的，最后从室内换热器排出的低温低压制冷剂经四通换向阀、气液分离器被电动压缩机吸入气缸进行下一个制冷循环。

制热模式下，从电动压缩机出口排出的高温高压制冷剂气体经单向阀、四通换向阀进入室内换热器，向车内空气放热以达到提升车厢内温度的目的，制冷剂放热后冷凝为低温高压的制冷剂液体流经双向热力膨胀阀进行节流降压，节流后的制冷剂蒸气进入室外换热器与室外空气进行热交换，吸热后从室外热交换器排出的低温低压制冷剂经四通换向阀、气液分离器被电动压缩机吸入气缸，进行下一个制热循环。

2. PTC 加热器式

PTC 是正温度系数（Positive Temperature Coefficient）的缩写。PTC 加热器是采用 PTC 热敏电阻元件为发热源的一种加热器。PTC 热敏电阻通常是用半导体材料制成的，它的电阻随温度变化而急剧变化，当外界温度降低，PTC 电阻值随之减小，发热量反而会相应增加。按材质可以分为陶瓷 PTC 热敏电阻和有机高分子 PTC 热敏电阻。用于空调辅助电加热器的是陶瓷 PTC 热敏电阻。PTC 热敏电阻元件因具有随环境温度高低的变化，其电阻值随之增加或减小的变化特性，所以 PTC 加热器具有节能、恒温、安全和使用寿命长等特点。

PTC 加热器式又可以分为 PTC 加热器直接加热空气（或称为 PTC 空气加热器）和 PTC 加热器加热水（或称为 PTC 水暖加热器）两种形式。目前国内市场 PTC 空气加热器应用较为广泛，北汽 EV160 暖风系统采用的就是该方式，PTC 水暖加热器采用较少，常见车型为比亚迪 E5。

3. 余热 + 辅助 PTC 式

该方式利用大功率器件（功率变换、驱动电机、电机控制器等）工作时产生的热量，对车内环境进行热交换。当热量不足时，启用辅助 PTC 加热器。

1.5.3　PTC 加热器的特性

1. 电阻-温度特性（R-T 曲线）

PTC 元件的电阻-温度特性，指在规定的测量电压下，额定零功率电阻 R_{25}（指环境温度25℃条件下测得的零功率电阻值）与电阻自身温度之间的关系，图 1-5-2 为 R-T 特性图。图中 T_c-T_p 的红色部分为工作区间。

2. 电流-时间特性（I-T 特性）

PTC 元件的电流-时间特性，指当 PTC 元件两端加上额定工作电压时，其电流与时间的关系，如图 1-5-3 所示。开始加电瞬间的电流称为起始电流，达到热平衡时的电流称为残余电流。

在一定环境温度下，给 PTC 热敏电阻加一个起始电流（保证是动作电流），通过 PTC 热敏电阻的电流降低到起始电流的 50% 时经历的时间就是动作时间。

3. 电压-电流特性（V-I 特性）

PTC 元件的电压-电流特性，又称为伏安特性，指常温下，PTC 热敏电阻在加电气负载达到热平衡的情况下，电压与电流的相互依赖关系，如图 1-5-4 所示。

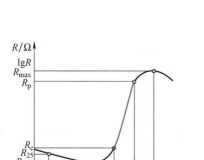

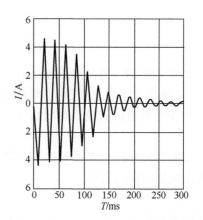

图 1-5-2　PTC 元件电阻-温度特性图　　图 1-5-3　PTC 元件电流-时间特性图

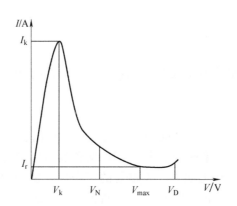

图 1-5-4　PTC 元件电压-电流特性图

I_k——在外加电压 V_k 时的动作电流　I_r——外加电压 V_{max} 时的残余电流

V_{max}——最大工作电压　V_N——额定电压　V_D——击穿电压

PTC 热敏电阻的伏安特性大致可分为三个区域：

1）在 $0 \sim V_k$ 之间的区域称为线性区，此间的电压和电流的关系基本符合欧姆定律，不产生明显的非线性变化，也称不动作区。

2）在 $V_k \sim V_{max}$ 之间的区域称为跃变区，此时由于 PTC 热敏电阻的自热升温，电阻值产生跃变，电流随着电压的上升而下降，所以此区也称动作区。

3）在 V_D 以上的区域称为击穿区，此时电流随着电压的上升而上升，PTC 热敏电阻的阻值呈指数型下降，于是电压越高，电流越大，PTC 热敏电阻的温度越高，阻值反而越低，很快就导致 PTC 热敏电阻的热击穿。伏安特性是过载保护 PTC 热敏电阻的重要参考特性。

4. 调温特性

PTC 加热器的输出功率会随环境温度的升高而明显降低。从另一方面来讲，也可以理解为室温越低，PTC 输出功率越大，加温也就越迅速；随着室温升高，PTC 输出功率逐步下降，升温效果也就越趋缓慢。在风量不变情况下，当环境温度上升时 PTC 功率下降，这一特征在一定程度上起到了功率自动调节的作用。

1.5.4　PTC 加热器的传导方式

1. 热传导

以热传导为主的 PTC 陶瓷加热器，其特点是通过 PTC 发热元件表面安装的电极板（导电兼传热）、绝缘层（隔电兼传热）、导热蓄热板（有的还附加有导热胶）等多层传热结构，把 PTC 元件发出的热量传到被加热的物体上。

2. 对流

以所形成的热风进行对流式传热的各种 PTC 陶瓷热风器，其特点是输出功率大，并能自动调节吹出风温和输出热量。

3. 热辐射

红外线辐射加热器，其特点是利用 PTC 元件或导热板表面迅速发出的热量直接或间接地激发接触其表面的远红外涂料或远红外材料使之辐射出红外线，便构成了 PTC 陶瓷红外辐射加热器。

1.5.5　PTC 加热器的分类及应用

空调 PTC 加热器可以分为黏结式陶瓷 PTC 加热器和金属 PTC 管状加热器。

1. 黏结式陶瓷 PTC 加热器

黏结式陶瓷 PTC 加热器是将多个陶瓷 PTC 芯片及铝波纹散热片用耐高温树脂胶黏结在一起的加热器，其散热性好，电气性能稳定。其中黏结式陶瓷 PTC 加热器又分为加热器表面带电型和加热器表面不带电型两种。采用 PTC 陶瓷发热体制造的暖风机具有优异的调温与节能特性、极低的热惯性和无明火、无辐射的安全性，良好的抗振性等优点。丰田卡罗拉、凯美瑞等很多装备了黏结式陶瓷 PTC 加热器辅助加热暖风装置。北汽 EV160 空调暖风系统采用的也是陶瓷 PTC 加热器。

2. 金属 PTC 管状加热器

金属 PTC 管状加热器采用镍铁合金丝为发热材料，发热管外镶铝散热片，其散热效果非常好。加热器配用温度控制器和热熔断器，使产品使用更安全可靠。

1.5.6　北汽 EV160 空调暖风系统

北汽 EV160 电动汽车空调系统部件的安装位置如图 1-5-5 所示。HVAC 总成是 Heating、Ventilation and Air Conditioning 的英文缩写，就是供热、通风与空气调节。

北汽 EV160 电动汽车的暖风蒸发箱总成内取消基础车（北汽 E150）的暖风芯体，以高压 PTC 加热器进行替换，将原车利用发动机冷却液热量进行制暖的原理变更为采用 PTC 加热器直接加热内部空气的方式。

北汽 EV160 电动空调 PTC 加热系统电路连接如图 1-5-6 所示，PTC 驱动控制板安装在高压盒中。PTC 驱动控制模块接收 VCU 通过 CAN 总线发送的车内温度、车外温度、目标设定温度（VCU 根据温度调节旋钮位置计算而来），发送两个 PTC 加热器芯温度、PTC 驱动芯片温度、电流信号给 VCU，VCU 根据上述信号及动力电池信息，进行系统运算、逻辑分析，从而控制系统的工作。具有温度保护、过电流保护、欠电压、过电压保护等功能。

北汽 EV160 空调用 PTC 加热器如图 1-5-7 所示，具有发热速度快，温度高且可控等优

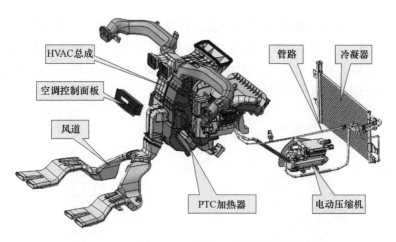

图 1-5-5　北汽 EV160 空调系统部件的安装位置

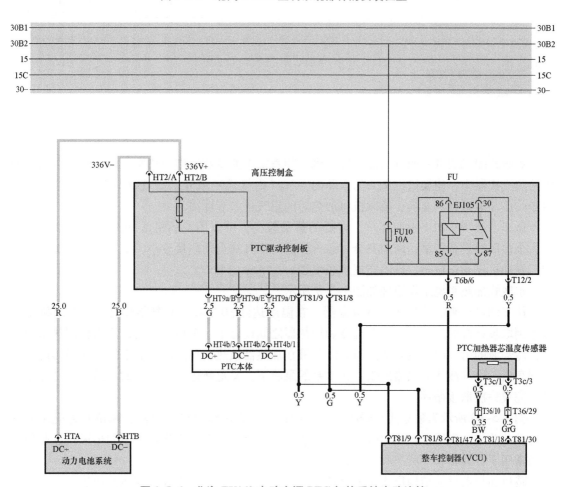

图 1-5-6　北汽 EV160 电动空调 PTC 加热系统电路连接

点，但耗电功率大，需 2kW 以上，对车辆续驶能力有较大影响。PTC 本体由于温度相对较高，需周边结构件配合为其提供空间，防止塑料件受热变形，同时 HVAC 内海绵及润滑脂易因高温产生异味。

北汽 EV160 电动空调暖风系统采用两级式控制，其原理如图 1-5-8 所示。PTC 控制器根据环境温度、PTC 加热器温度、空调温度调节旋钮以及动力电池电压等控制 PTC 加热器中两个电热芯的通断。新款的北汽 EV160 的两个电热芯的功率分别为 1.5kW 和 2kW，这样实现了三级控制，控制精度和乘员舒适性都有所提高。

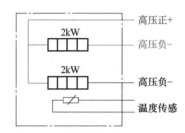

图 1-5-7　北汽 EV160 电动空调 PTC 加热器实物图片　　图 1-5-8　北汽 EV160PTC 控制模块原理图

1.5.7　水暖式暖风装置的结构与工作原理

水暖式暖风装量一般以水冷式发动机冷却系统中的冷却液作为热源，将冷却液引入车辆内的热交换器中，使鼓风机送来的车厢内空气（内气式）或外部空气（外气式）与热交换器中的冷却液进行热交换，鼓风机将加热后的空气送入车厢内。

轿车、载货车和中小型客车，需要的热量较少，可以用发动机冷却液的余热来直接取暖。余热取暖设备简单，使用安全，运行经济。但其缺点是热量较小，受汽车运行工况的影响，发动机停止运行时，就不能提供暖气了。

水暖式加热系统工作原理如图 1-5-9 所示。

从发动机出来的冷却液经过节温器，在温度达到 80℃时，节温器开启，让发动机冷却液流到取暖系统的加热器，在节温器和加热器之间设置了一个热水开关，用来控制热水的流动，冷却液的另一部分流到散热器。冷却液在加热器散热，加热周围的空气，然后再用风扇送到车内；冷却液从加热器出来，在水泵的泵吸下，又重新进入发动机的水道内，冷却发动机，完成一次取暖循环。

图 1-5-10 所示为独立式水暖暖风装置的结构，它由暖风热交换器、风机及外壳组成一个完整的总成。壳体上有吹向脚部、前部的出风口及吹向车窗起除霜作用的出风口。此种结构通常用于普通轿车、货车和小型客车。

暖风加热器目前结构形式主要有管片式和管带式两种。管带式的加热器散热效率高、体积小、重量轻，但其制造工艺要复杂些；现在用得最多的还是管片式加热器，可以采取减小管壁、在散热翅片上开槽等措施，以提高其传热效率。

图 1-5-11 所示为水暖式内外混合循环暖风装置。由外部空气吸入口吸进新鲜空气，内部空气吸入口吸入内部空气，它们在混合室混合后，由鼓风机送入热交换器空气侧，热交换器管

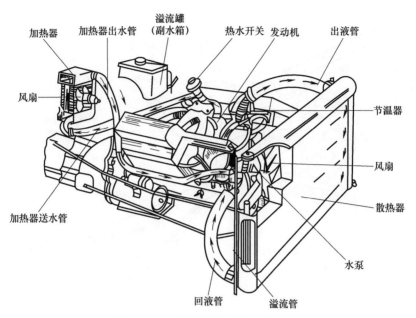

图 1-5-9　水暖式加热系统工作原理

图中标注：加热器、加热器出水管、溢流罐（副水箱）、热水开关、发动机、出液管、风扇、节温器、风扇、散热器、加热器送水管、水泵、回液管、溢流管

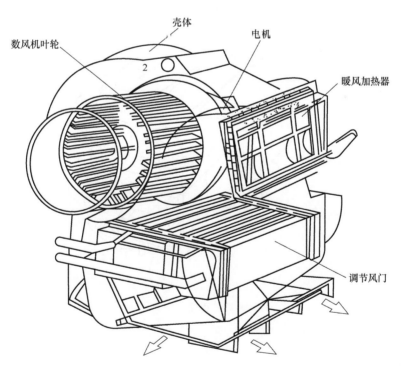

图 1-5-10　独立式水暖暖风装置的结构

图中标注：数风机叶轮、壳体、电机、暖风加热器、调节风门

内侧由发动机循环水提供热源，混合气体被加热后被送往前座脚下，通过前窗、侧窗除霜的连接管输送到前窗除霜或除雾。这种结构的暖风装置效果较好，一般用在中、高档轿车上。

另一种结构形式如图 1-5-12 所示，它是将加热器和蒸发器组装在一个箱体内，共用一个鼓风机和壳体，可以实现全功能空调，大多数高级豪华轿车采用这种结构形式。

83

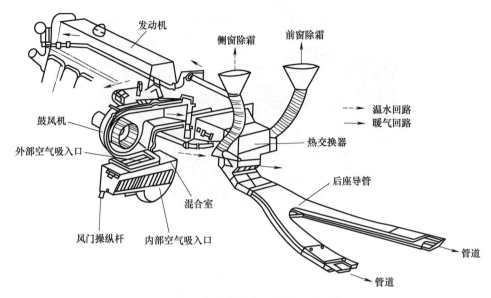

图 1-5-11　水暖式内外混合循环暖风装置

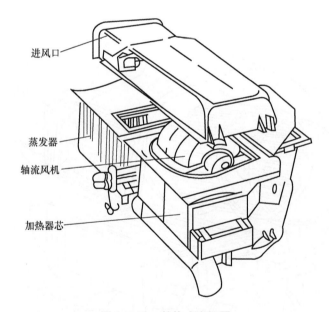

图 1-5-12　整体式空调器

　实践操作

1.5.8　北汽 EV160 暖风系统常见故障诊断及处理

1. PTC 故障排除流程

1）首先确认操作正常。

2）检查系统连接是否正常，是否存在接插件漏插等现象。

3）通过鼓风机有无风来判断 A/C 开关是否正常。

4）高压熔丝（即高压电输入 PTC 控制器）是否正常。

5）建议通过故障诊断仪进行故障提示。

2. 故障现象

PTC 不工作，启动功能设置后风仍为凉风。

原因及判断：

1）冷暖模式设置不正确。

2）PTC 本体断路。

3）PTC 控制回路断路。

4）内部短路烧毁高压熔丝。

检测及排除措施：

1）检查冷暖设置是否选择较暖方向。

2）拔下高压附件线束测量 PTC 加热器高压正负间电阻是否正常。

3）拔下高压附件线束测量 PTC 加热器高压正负间是否为导通。

4）更换 PTC 及高压熔丝。

3. 故障现象

PTC 过热，出风温度异常升高或从空调出风口嗅到塑料焦糊气味。

原因及判断：

PTC 控制模块损坏、粘连、不能正常断开。

检测及排除措施：

关闭制热功能，整车下电后检查 PTC 加热器及 PTC 控制模块。

1.5.9　北汽 EV160 空调 PTC 加热器的更换

北汽 EV160 空调 PTC 加热器安装在仪表中控台后部，北汽 EV160 更换空调 PTC 加热器的步骤为：

1）打开车门，安装三件套。

2）正确规范地进行下电操作。

3）拔下 PTC 加热器高压线束插头。北汽 EV160 的 PTC 加热器高压线束插头在驾驶室的右下角，如图 1-5-13 所示。

4）拆下 PTC 加热器护板。PTC 加热器安装在副驾驶室的左前角，护板的位置和 PTC 加热器的安装位置如图 1-5-14 所示。

5）拔下低压线束插头。

6）拆下 PTC 加热器搭铁线。

7）拆下 PTC 加热器两个固定螺栓。

8）抽出 PTC 加热器总成。

9）插入新的 PTC 加热器总成。

10）装上 PTC 加热器两个固定螺栓。

11）连接低压线。

12）安装搭铁线。

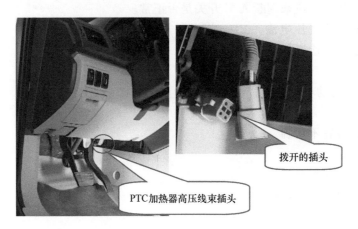

拨开的插头

PTC加热器高压线束插头

图 1-5-13　PTC 加热器高压线束插头的位置及外观

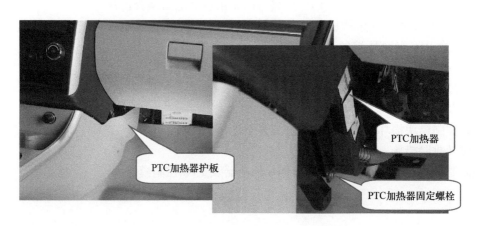

PTC加热器

PTC加热器护板

PTC加热器固定螺栓

图 1-5-14　护板及 PTC 加热器的位置

13）安装 PTC 加热器护板。

14）连接 PTC 高压线束插头。

15）按规范进行上电操作。

16）打开空调开关。

17）冷热调节旋钮调到最热位置。

18）鼓风机旋钮调到适当位置。

19）调节出风模式检查暖风效果，如果各出风口温度正常，说明 PTC 加热器工作正常。

20）关闭空调并取下三件套。

单元小结

1. 汽车空调取暖系统的主要作用有：加热器和蒸发器一起将冷热空气调节到人所需要的舒适温度、冬季取暖和车上玻璃除霜。

2. 电动汽车空调暖风系统方案主要有热泵式、PTC 加热器式和余热 + 辅助 PTC 式三种。

3. PTC 加热器的特性主要有：电阻-温度特性、电流-时间特性、电压-电流特性和调温特性。

4. PTC 加热器的输出功率会随环境温度的升高而明显降低。从另一方面来讲，也可以理解为室温越低，PTC 输出功率越低，加温也就越迅速；随着室温升高，PTC 输出功率逐步下降，升温效果也就越趋缓慢。在风量不变情况下当环境温度上升时 PTC 功率下降，这一特征在一定程度上起到了功率自动调节的作用。

任务工单1.5

任务名称	空调暖风系统故障检查与修复		学时	4	班级	
学生姓名			学生学号		任务成绩	
实训设备、工具及仪器	多媒体教学设备1套、北汽EV160纯电动汽车4辆（或空调实训台4台）、绝缘工具4套、个人防护用具4套。		实训场地	理实一体化教室	日期	
客户任务描述	一辆北汽EV160纯电动汽车空调暖风不热，更换PTC加热器。					
任务目的	能够掌握纯电动汽车暖风系统的组成及安装部位，能正确规范地更换PTC加热器。					

一、资讯

1. 汽车空调取暖系统的主要作用有 ＿＿＿＿＿＿＿＿＿＿＿ 、＿＿＿＿＿＿＿＿＿＿＿ 和＿＿＿＿＿＿＿＿＿。

2. 内燃机汽车空调取暖系统根据热源不同，可分为 ＿＿＿＿＿＿＿＿＿＿＿ 、气暖式暖风装置、＿＿＿＿＿＿＿＿＿ 和＿＿＿＿＿＿＿＿＿。

3. 电动汽车空调取暖系统常用方案有＿＿＿＿＿＿＿＿＿ 、＿＿＿＿＿＿＿＿＿ 和＿＿＿＿＿＿＿＿＿。

4. PTC加热器的电阻随温度变化而急剧变化，当外界温度降低，PTC电阻值随之＿＿＿＿＿＿，发热量会＿＿＿＿＿＿。

5. PTC加热器的输出功率会随环境温度的升高而＿＿＿＿＿＿。从另一方面来讲，也可以理解为室温越低，PTC输出功率＿＿＿＿＿＿，加温越＿＿＿＿＿＿；随着室温升高，PTC输出功率＿＿＿＿＿＿，升温效果越＿＿＿＿＿＿。在风量不变情况下当环境温度上升时PTC功率＿＿＿＿＿＿，这一特征在一定程度上起到了＿＿＿＿＿＿的作用。

6. 空调PTC加热器可以分为＿＿＿＿＿＿＿＿＿ 和＿＿＿＿＿＿＿＿＿。

7. 北汽EV160电动空调暖风PTC控制器安装在 ＿＿＿＿＿＿＿＿＿＿＿ 中，具有 ＿＿＿＿＿＿＿＿＿＿＿ 、＿＿＿＿＿＿＿＿＿ 、欠压过压保护等功能。

二、计划与决策

请根据任务要求，确定所需要的检测仪器、工具，并对小组成员进行合理分工，制订详细的工作计划。

1. 需要的检测仪器、工具

2. 小组成员分工

3. 计划

三、实施

1. 北汽 EV160 暖风常见故障及处理

1）打开空调暖风。

2）将冷热调节旋钮调节到（＿＿＿＿＿＿＿＿＿＿最大/最小）位置。

3）感受各出风口有无暖风：＿＿＿＿（有风不热），＿＿＿＿（无风），说明 A/C 开关＿＿＿＿＿＿。

4）整车下电。

5）拔下 PTC 加热器低压插件，测量正负极电阻为：＿＿＿＿＿＿＿＿，说明 PTC 控制回路＿＿＿＿＿＿。

6）打开高压盒，测量 PTC 加热器熔断器电阻为：＿＿＿＿＿＿＿＿＿＿，说明熔断器＿＿＿＿＿＿＿＿。

7）拔下高压附件线束插头，测量 PTC 加热器正负极电阻为：＿＿＿＿＿＿＿＿＿，说明 PTC 加热器内部回路＿＿＿＿＿＿＿＿＿＿。

2. 更换 PTC 加热器

1）整车下电。

2）拔下 PTC 加热器高压线束插头，其位置在＿＿＿＿＿＿＿＿＿＿。

3）拆下 PTC 加热器护板。

4）＿＿＿＿＿＿＿＿＿＿。

5）拆下 PTC 加热器搭铁线。

6）＿＿＿＿＿＿＿＿＿＿。

7）抽出 PTC 加热器总成。

8）测量 PTC 加热器正负极电阻为：＿＿＿＿＿＿＿＿＿，说明 PTC 加热器内部回路＿＿＿＿＿＿＿＿＿。

9）插入新的 PTC 加热器总成。

10）装上 PTC 加热器两个固定螺栓。

11）＿＿＿＿＿＿＿＿＿＿。

12）安装搭铁线。

13）安装 PTC 加热器护板。

14）＿＿＿＿＿＿＿＿＿＿。

15）按规范进行上电操作。

16）打开空调开关。

17）＿＿＿＿＿＿＿＿＿＿。

18）鼓风机旋钮调到适当位置。

19）调节出风模式检查暖风效果，如果各出风口温度正常，说明 PTC 加热器＿＿＿＿＿＿。

四、检查

1）检查安装 PTC 加热器高压插接件是否到位＿＿＿＿＿＿＿＿＿＿＿＿＿＿＿＿。

2）打开空调，检查暖风效果＿＿＿＿＿＿＿＿＿＿＿＿＿＿＿＿＿＿＿。

五、评估

1. 请根据自己任务完成的情况，对自己的工作进行自我评估，并提出改进意见。

1）＿＿＿＿＿＿＿＿＿＿＿＿＿＿＿＿＿＿＿＿＿＿＿＿＿＿＿＿＿＿＿＿＿

＿＿＿＿＿＿＿＿＿＿＿＿＿＿＿＿＿＿＿＿＿＿＿＿＿＿＿＿＿＿＿＿＿＿＿

2）＿＿＿＿＿＿＿＿＿＿＿＿＿＿＿＿＿＿＿＿＿＿＿＿＿＿＿＿＿＿＿＿＿

＿＿＿＿＿＿＿＿＿＿＿＿＿＿＿＿＿＿＿＿＿＿＿＿＿＿＿＿＿＿＿＿＿＿＿

3）＿＿＿＿＿＿＿＿＿＿＿＿＿＿＿＿＿＿＿＿＿＿＿＿＿＿＿＿＿＿＿＿＿

＿＿＿＿＿＿＿＿＿＿＿＿＿＿＿＿＿＿＿＿＿＿＿＿＿＿＿＿＿＿＿＿＿＿＿

2. 工单成绩（总分为自我评价、组长评价和教师评价得分值的平均值）

自我评价	组长评价	教师评价	总分

学习情境2

其他辅助系统检测与修复

学习目标

➢ 能通过与客户交流、查阅相关维修技术资料等方式获取车辆信息。

➢ 能识别电动助力转向系统内主要零部件并介绍各个部件的特点。

➢ 能使用故障诊断仪读取数据流和故障码。

➢ 能对电动助力转向系统进行正确的拆装与检测。

➢ 能对电控制动系统进行正确的拆装与检测。

➢ 能下载并安装北汽新能源手机APP。

➢ 能根据环保要求，正确处理对环境和人体有害的辅料、废气、液体和损坏的零部件。

 学习单元 2.1　电动助力转向系统的检测与修复

 任务导入

小王在某新能源汽车 4S 店工作，今天接了一辆北汽 EV160，该车行驶中没有转向助力，仪表盘上部显示"EPS 系统故障"，经检查师傅告诉小王转向助力电机没有工作，你知道如何安全、规范地检测电动助力转向系统吗？

 **学习目标**

1. 能根据故障现象选择合适的维修手册。
2. 能正确对电动助力转向系统进行检测。
3. 能根据维修手册拆装电动助力转向系统。

 **理论知识**

2.1.1　电动助力转向系统的优缺点

随着汽车电子技术的日益发展，对汽车设计的要求以及对汽车的控制水平的要求也越来越高，尤其对汽车的节能和环保特性的要求越来越高。电动助力转向系统（EPS）将最新的电力电子技术和高性能的电机控制技术应用于汽车转向系统，能明显改善车辆的静态性能和动态性能，有效提高行驶中驾驶人驾驶的轻便性和安全性，同时也更加节能和环保。

对于纯电动汽车而言，采用 EPS 是必然选择，因为它本身不用内燃机，助力转向系统动力的来源只来自电机，所以纯电动汽车动力转向系统的选择只能是 EPS 或者 EHPS。一般来讲，设计者都是趋向于选择 EPS。

因此，未来的转向系统中，电动助力转向将成为汽车动力转向系统的主流。与其他助力转向系统相比，该系统突出的优点体现在以下几点。

1. 降低燃油消耗

传统的液压助力转向系统由发动机带动转向油泵，不管转向或者不转向都要消耗发动机部分动力。而电动助力转向系统只是在转向时才由电机提供助力，不转向时不消耗能量。因此，电动助力转向系统可以降低车辆的燃油消耗。与液压助力转向系统对比试验表明：在不转向时，电动助力转向可以降低燃油消耗 2.5%；在转向时，可以降低 5.5%。

2. 增强了转向跟随性

电动助力机与助力机构相连将能量直接用于车轮的转向。该系统利用惯性减振器的作用，使车轮的反转和转向前轮摆振大大减小。因此，转向系统的抗扰动能力大大增强。和液压助力转向系统相比，电动助力转向系统增强了转向车轮对转向盘的跟随性能。

3. 改善了转向回正特性

在一定的车速下，当驾驶人转动转向盘一个角度后松开，车辆本身具有使车辆回到直线

行驶方向的能力，这是车辆固有结构所决定的。EPS 系统可以对该回正过程进行控制，利用软件在最大限度内调整设计参数以使车辆获得最佳的回正特性，从最低车速到最高车速，可得到一簇回正特性曲线。电动助力转向系统可以施加一定的附加回正力矩或阻尼力矩，使得低速时转向盘能够精确地回到中间位置，而且可以抑制高速回正过程中转向盘的振荡和超调，兼顾了车辆高、低速时的回正性能。而在传统的液压控制系统中，汽车设计一旦完成，其回正特性就不能再改变，否则必须改造底盘的机械结构，实现起来有较大困难。

4. 提高了操纵稳定性

电动助力转向系统可以针对车辆行驶的各种工况，通过优化助力特性曲线，使得助力更加精确，助力效果更加理想。另外，还可以采用阻尼控制减小由路面不平产生的对转向系统的干扰，保障汽车低速行驶时的转向轻便性，提高汽车高速行驶时的转向稳定性，进而提高汽车的主动安全性，使驾驶人有更舒适的感觉。

5. 提供可变的转向助力

传统的液压助力转向系统所提供的转向助力大小不能随车速的提高而改变。这样就使得车辆虽然在低速时具有良好的转向轻便性，但是在高速行驶时转向盘太轻，产生转向"发飘"的现象，驾驶人缺少显著的"路感"，降低了高速行驶时的车辆稳定性和驾驶人的安全感。

电动助力转向系统的转向力来自于电机。通过软件编程和硬件控制，可得到覆盖整个车速的可变转向力。可变转向力的大小取决于转向力矩和车速。无论是停车，低速或高速行驶时，它都能提供可靠的、可控性好的感觉，而且更易于操作。

在低速时，电动助力转向系统可以提供较大的转向助力，提供车辆的转向轻便性；随着车速的提高，电动助力转向系统提供的转向助力可以逐渐减小，转向时驾驶人所需提供的转向力将逐渐增大，这样驾驶人就感受到明显的"路感"，提高了车辆稳定性。

6. 更加节能与环保

电动助力转向系统应用"最干净"的电力作为能源，完全取缔了液压装置，不存在传统液压助力转向系统中液压油的泄漏问题，从而也避免了环境污染，满足了环保的时代要求。

7. 生产和开发周期更短

EPS 的前期研发时间较长，但是一旦设计完成，由于该系统具有良好的模块化设计，所以不需要对不同的系统重新进行设计、试验和加工等，就可以通过修改相应的程序，快速实现与特定车型的匹配，不但节省了费用，也为设计不同的系统提供了极大的灵活性，因而能大大减少针对不同车型的研发时间和开发的周期。

8. 生产线装配性好

电动助力转向系统取消了液压转向油泵、油缸、液压管路和油罐等零部件，而且电机及减速机构可以和转向柱、转向器做成一个整体，使得整个转向系统结构紧凑，零部件数目大大减少，减少了装配的工作量，节省了装配时间，提高了装配效率，也易于维护保养。

电动助力转向系统的缺点主要体现以下几点。

1. 可靠性

虽然现在电动助力转向技术已经非常成熟，但是电子系统还是要比纯机械结构"娇气"一些。尤其是在激烈驾驶情况下，助力电机容易出现过载，影响助力系统工作，所以很多考虑激烈驾驶工况的性能车型都还在使用液压助力转向系统。

2. 功率的问题

对于目前的大多数车辆来说，使用的都是 12V 的电源系统，能够带动的助力电机功率有限，虽然可以通过搭配不同的减速机构改变助力电机的承载能力，适应范围较电子液压助力更广，但是改变范围毕竟有限，对于转向负荷较大的大型车辆来说，电动助力仍然有些力不从心。

2.1.2 电动助力转向系统的分类

电动助力转向系统按照辅助电机的布置方式可分为转向柱助力式（Column‑assist type EPS）、小齿轮助力式（Pinion‑assist type EPS）、齿条助力式（Rack‑assist type EPS）和直接助力式（Direct‑drive type EPS）四种。

1. 转向柱助力式（C‑EPS）

转向轴助力式转向系统其转矩传感器、电机、离合器和转向助力机构组成一体，安装在转向柱上，如图 2-1-1 所示。该方案的助力转矩经过了转向器放大，因此要求电机的减速机构传动比较小；电机布置在驾驶室内，工作环境较好，对电机的密封要求低。但是，因电机安装位置距驾驶人近，所以要求电机的噪声一定要小；由于电机距离转向盘较近，电机的力矩波动容易直接传到转向盘上，导致转向盘振动，使驾驶人手感变坏；由于助力转矩通过转向管柱传递，因此要求转向管柱有较大的刚度和强度。这种助力方式比较适合用于前轴负荷较小的微型轿车。

图 2-1-1 转向柱助力式

2. 小齿轮助力式（P‑EPS）

小齿轮助力式转向系统的转矩传感器、电机、离合器和转向助力机构仍为一体，只是整体安装在转向小齿轮处，直接给小齿轮助力，能够获得较大的转向力，如图 2-1-2 所示。北汽 EV160 采用的就是小齿轮助力式电动助力转向系统。

图 2-1-2 小齿轮助力式

该方案的助力转矩也经过了转向器放大，因此要求电机的减速机构传动比也相对较小；电机安装在发动机舱内，工作环境较差，对电机的密封要求较高；由于电机的安装位置距离驾驶人有一定距离，对电机的噪声要求不是太高；同时，电机的力矩波动不太容易传到转向盘上，驾驶人手感适中；助力转矩不通过转向管柱传递，因此对转向管柱的刚度和强度要求较低。这种助力方式比较适合用于前轴负荷中等的轻型轿车。

3. 齿条助力式（R-EPS）

齿条助力式转向系统的转矩传感器单独地安装在小齿轮处，电机与转向助力机构一起安装在小齿轮另一端的齿条处，用以给齿条助力，如图 2-1-3 所示。

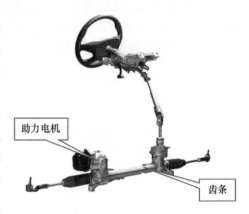

助力电机

齿条

图 2-1-3　齿条助力式

该方案的助力转矩作用在齿条上，助力转矩没有经过转向器的放大，因此要求电机的减速机构具有较大的传动比，减速机构相对较大；电机布置在发动机舱内，工作环境差，对其密封要求也较高；由于电机的安装位置距离驾驶人较远，对电机的噪声要求不高；同时，电机力矩波动不易传到转向盘上，驾驶人具有良好的手感；助力转矩不通过转向管柱传递，因此对转向管柱的刚度和强度要求较低。这种助力方式比较适合用于前轴负荷较大的高级轿车和货车上。

2.1.3　电动助力转向系统的结构

电动转向是一种简称，它有别于电动液压转向。前者指的是一种纯电机助力转向装置，后者指的是一种电控液压助力转向装置。

电动助力转向系统主要由转矩传感器、车速传感器、助力电机、减速机构和电子控制单元（ECU）等组成，如图 2-1-4 所示。

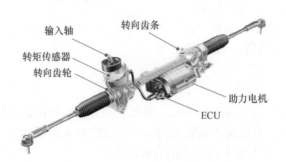

输入轴

转向齿条

转矩传感器

转向齿轮

助力电机

ECU

图 2-1-4　电动助力转向系统结构

通过传感器探测驾驶人在转向操作时转向盘产生的转矩或转角的大小和方向，并将所需信息转化成数字信号输入控制单元，再由控制单元对这些信号进行运算后得到一个与行驶工况相适应的力矩，最后发出指令驱动电机工作，电机的输出转矩通过传动装置的作用而助力。

因此转矩传感器是 EPS 系统中最重要的器件之一。转矩传感器的种类有很多，主要有电位计式转矩传感器、金属电阻应变片式转矩传感器和非接触式转矩传感器等，随技术的进步将会有精度更高、成本更低的传感器出现。

1. 转矩传感器

转矩传感器用来检测转向盘转矩的大小和方向，以及转向盘转角的大小和方向，它是 EPS 的控制信号之一。精确、可靠、低成本的转矩传感器是决定 EPS 能否占领市场的关键因素。转矩传感器主要有接触式和非接触式两种。常用的接触式（主要是电位计式）转矩传感器有摆臂式、双排行星齿轮式和扭杆式三种类型，而非接触式转矩传感器主要有光电式和磁电式两种。前者的成本低，但受温度与磨损影响易发生漂移、使用寿命较低，需要对制造精度和扭杆刚度进行折中，难以实现绝对转角和角速度的测量。后者的体积小，精度高，抗干扰能力强、刚度相对较高，易实现绝对转角和角速度的测量，但是成本较高。因此转矩传感器类型的选取根据 EPS 的性能要求综合考虑。转矩传感器常见故障及其信号判别见表 2-1-1。

表 2-1-1　转矩传感器常见故障及其信号判别

转矩传感器常见故障	输入 ECU 信号变化（单位：V）
主转矩线路断开或短路	IN + =0 或 5
转矩传感器本身性能不良	IN + +IN − ≠5
转矩传感器电源电压过高	VCC > 5
辅转矩线路断开或短路	IN − =0 或 5

2. 助力电机

助力电机根据 ECU 的指令输出适宜的转矩，一般采用无刷永磁电机，无刷永磁电机具有无励磁损耗、效率较高、体积较小等特点。电机是 EPS 的关键部件之一，对 EPS 的性能有很大的影响。由于控制系统需要根据不同的工况产生不同的助力转矩，具有良好的动态特性并容易控制，这些都要求助力电机具有线性的机械特性和调速特性。此外，还要求电机低转速大转矩、波动小、转动惯量小、尺寸小、质量轻、可靠性高、抗干扰能力强。

工作中，电机电流随转向盘的转动和车速的变化频繁的改变，而且电机电枢是非线性元件，存在感生电流和反电动势，因此工作环境比较恶劣，故障情况也比较复杂。如工作时易出现发热，其运行后温升的大小直接影响其工作性能，特别是在电机堵转，即车辆长时间原地转向时，电机电流很大，而且又不对外做功，电机消耗的电能全部消耗在电阻发热上，短时间内就会出现很大的热量，严重时会烧坏电机。此外，对于双向运转的电机，在突然反转时产生很大的电流，电枢反应瞬时变得很大，严重时会造成电机的永久性退磁，且会导致其无法工作，因此必须要对运行时可能出现的最大电流进行限制，一般最大电流可规定为额定电流的 3~5 倍。

基于上述的分析，结合工作过程中可能出现的一些机械损伤和线路的断路或短路，电机可能出现如下一些问题：

1）电机与 ECU 间的接线出现断路或短路。

2）电刷与换向器接触不良。

3）电枢与定子磁极卡死，转子转不动。

4）电枢绕组开路。

5）电枢绕组受潮发热，而且散热不好。

6）电机长时间过载运行，引起电机壳体发热，以至于烧坏。

7）电枢绕组有部分线圈元件短路。

电机一旦出现上述问题之一，对系统的影响主要是造成电机两端的电压或电流的变化以及电机发热。

3. 电磁离合器

电磁离合器是保证电动助力只在预定的范围内起作用。当车速、电流超过限定的最大值或转向系统发生故障时，离合器便自动切断助力电机的电源，恢复手动控制转向。此外，在不助力的情况下，离合器还能消除电机的惯性对转向的影响。为了减少与不加转向助力时驾驶车辆感觉的差别，离合器不仅具有滞后输出特性，同时还具有半离合器状态区域。

电磁离合器的工作情况比较简单，使用中可能出现的故障主要是离合器与 ECU 间的接线的断路或短路。试验证明，在不转向时，只需要提供 0.3A 就可以保证离合器正常的接合；传递最大助力转矩时，需要 0.82A。而在线路出现短路或断路时，离合器线路电流将远远超过 0.82A 或接近 0A。因此，可以通过实时监测离合器线路的电流来判断其是否正常。

4. 减速机构

减速机构用来增大助力电机传递给转向器的转矩，它主要有双行星齿轮减速机构和蜗轮蜗杆减速机构两种形式。由于减速机构对系统工作性能的影响较大，因此在降低噪声，提高效率和左右转向操作的对称性方面对其提出了较高的要求。

5. 电子控制单元（ECU）

ECU 主要由硬件电路和软件程序组成，在电源、电机等其他外围部件正常工作时，其本身的可靠性比较高，硬件本身不易出现故障。但是某些外围部件的短路将会对 ECU 造成致命的损伤。如果 CPU 稳压电源的 12V 电源输入端与其输出端（直接连接 CPU）出现短接，将烧坏 CPU；误操作或接线盒不良导致助力电机的正负极出现了短接，突然转向时将引起 MOSFET 管击穿直通或相关电路损坏。这些损伤都具有瞬间性和致命性，因此，为了优先保护 ECU 不受损害，必须要对稳压电源和助力电机电流设立监测电路。

2.1.4 电动助力转向系统的工作原理

电动助力转向系统在不同车上的结构部件尽管不尽一样，但是基本原理是一致的。它一般是由转矩（转向）传感器、电子控制单元（ECU）、助力电机、电磁离合器以及减速机构构成的。

电动助力转向系统的基本工作原理是：当转向轴转动时，转矩传感器和车速传感器分别测出驾驶人施加在转向盘上的操纵力矩和车辆当前的行驶速度（回正时还要用到角度传感器），转矩传感器将检测到的转矩信号转化为电信号送至 ECU，ECU 接收转矩、车速等信号，根据内置的控制策略和算法，计算出此时需要的理想助力力矩，再换算为相应的电流，驱动助力电机按该电流运行；助力电机产生的助力力矩再经过蜗轮蜗杆减速机构减速增矩后传送到机械式转向系统上，和驾驶人的操纵力矩叠加在一起去克服转向阻力矩，实现车辆的最终转向。当汽车点火开关闭合时，ECU 开始对 EPS 系统进行自检，自检通过后，闭合继电器和离合器，EPS 系统便开始工作，当转向盘转动时，位于转向轴上的转角传感器和转矩传感器把测得转向盘上的角位移和作用于其上的力矩传递给 ECU，ECU 根据这两个信号并结合车速等信息，控制助力电机产生相应的助力，实现在全速范围内的最佳控制。在低速行驶时，减轻转向力，保证汽车转向灵活、轻便；在高速行驶时，适当增加阻尼控制，保证转向盘操作稳重、可靠。电动助力转向系统的工作原理如图 2-1-5 所示。

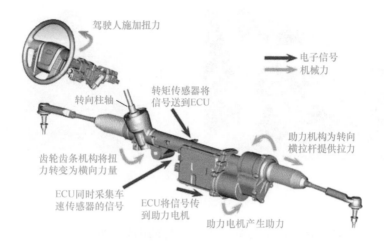

图 2-1-5　电动助力转向系统的工作原理图

2.1.5　北汽 EV160 电动助力转向系统的组成

北汽 EV160 电动助力转向系统由转矩传感器、蜗轮蜗杆减速机构、助力电机、齿轮齿条转向机、EPS 控制器组成，如图 2-1-6 所示。其工作中所需的车速信号通过 CAN 总线从整车控制器获取。

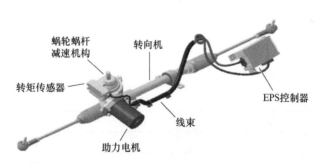

图 2-1-6　电动助力转向系统的工作原理图

1. 转矩传感器

转矩传感器由两个带孔圆环、线圈、线圈盒及电路板组成。它获得转向盘上操作力大小和方向信号，并把它们转换为电信号，传递到 EPS 控制器。

两个带孔圆环一个安装在输出轴上，一个安装在输入轴上。当输入轴相对输出轴转动时，电路板计算出输入轴相对于输出轴的旋转方向和旋转量。当转动转向盘时，转矩被传递到扭力杆，输入轴和输出轴之间出现角度偏差，电路板检测出角度偏差及方向，通过计算得到转矩大小和方向并转换为电压信号传递给 EPS 控制器。

2. 助力电机

安装在转向器上的助力电机由一个蜗杆，一个蜗轮和一个直流电机组成，如图 2-1-7 和图 2-1-8 所示。当蜗杆与安装在转向器输出轴上的蜗轮啮合时，它降低助力电机速度并把助力电机输出力矩传递到输出轴。

图 2-1-7　电动助力转向系统助力电机

图 2-1-8　电动助力转向系统蜗轮蜗杆

3. EPS 控制器

EPS 控制器由壳体、盖、控制电路板和铝基板等组成，如图 2-1-9 所示。

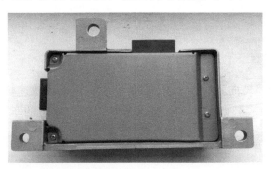

图 2-1-9　EPS 控制器

北汽 EV160 电动助力转向系统参数见表 2-1-2 所示。

表 2-1-2　北汽 EV160 电动助力转向系统参数表

适用载荷/kg	≤890
齿条行程/mm	±71.5
线传动比/(mm/rev)	44.15
蜗轮蜗杆传动比	1:18
电机额定电流/A	52
电机额定转矩/N·m	2.36
工作环境温度/℃	−30~100
储存环境温度/℃	−40~120
控制器额定电压/V	DC12
控制器工作电压范围/V	9~16
控制器工作电流/A	0~90
传感器额定电压	DC5
传感器类型	非接触式
助力电机功率/W	360

2.1.6　北汽 EV160 电动助力转向系统的工作原理

点火开关置于 ON 位置，EPS 控制器收到点火信号，可以开始工作，此时车速为零，驾驶人转动转向盘时，助力电机以最大助力输出。

随着车速的提升，EPS 控制器根据自身标定的输出助力曲线，实时调整助力电机的输出力，保证驾驶人在任何车速下均能获得最佳的转向助力；即低速时能使转向轻便，高速时转向稳重。

如果车辆在行驶过程中由于故障而导致转向助力失效，驾驶人仍然可以通过手力来操作转向盘，不会出现转向机构卡死现象。

1. 北汽 EV160 转矩传感器的工作原理

转矩传感器在北汽 EV160 电动助力转向系统中的作用是 EPS 控制器在参照车速的基础上通过转矩信号的电压变化改变助力电机的助力大小，如图 2-1-10 所示。

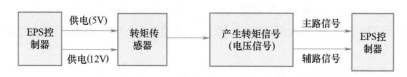

图 2-1-10　北汽 EV160 转矩传感器作用

当转向盘置于中间位置时，转矩传感器两路电压分别为 2.5V 和-2.5V，

往右打方向时，两路输出电压同时升高，如图 2-1-11 所示。

往左打方向两路信号电压则同时下降，如图 2-1-12 所示。

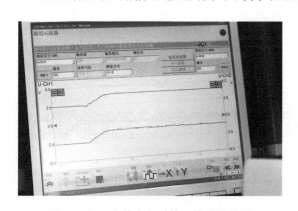

图 2-1-11　右转方向时转矩传感器信号　　　图 2-1-12　左转方向盘时转矩传感器信号

当车辆行驶时，驾驶人转动转向盘所使用的力矩较小，转矩传感器的信号幅值变化也较小，在 2.5V 上下波动。

2. 北汽 EV160 电动助力转向系统的控制策略

北汽 EV160 电动助力转向系统控制逻辑如图 2-1-13 所示。

1）当整车处于停车下电状态，EPS 不工作（EPS 不进行自检、不与 VCU 通信、EPS 驱动电机不工作）；当钥匙开关处于 O/V 位，O/V 位继电器吸合后 EPS 开始工作。

2）EPS 正常工作时，EPS 根据接收来自 VCU 的车速信号、唤醒信号及来自转矩传感器

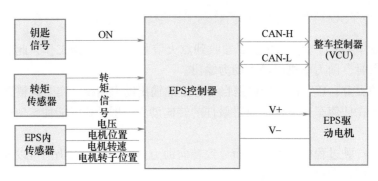

图 2-1-13 EV160 EPS 控制逻辑

的转矩信号和 EPS 助力电机的位置、转速、转子位置、电流、电压信号等进行综合判断，以控制 EPS 助力电机的转矩、转速和方向。

3）转向控制器在上电 200ms 内完成自检，上电 200ms 后可以与 CAN 总线交互信息，上电 300ms 后输出 470 帧（转向故障和转向状态上报帧），上电 1200ms 后输出 471 帧（版本信息帧）。

4）当 EPS 检测到故障时，通过 CAN 总线向 VCU 发送故障信息，并采取相应的处理措施。

3. 北汽 EV160 电动助力转向系统 ECU 插接件定义

北汽 EV160EPS 电动助力转向系统 ECU 插接件的端子位置如图 2-1-14 所示。

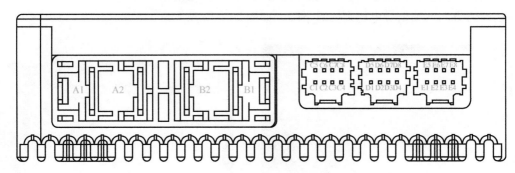

图 2-1-14 EV160 EPS 插接件端子

北汽 EV160EPS 转矩传感器插接件的端子定义见表 2-1-3。

表 2-1-3 北汽 EV160 EPS 转矩传感器插接件端子定义

端子名称	端子定义	颜色
A1	电源正	红
A2	电源负	黑
B1	电机正	黑
B2	电机负	红
C2	主路信号 T2	绿
C5	辅路信号 T1	黑

（续）

端子名称	端子定义	颜　色
C6	接地	黑
C7	电源（12V）	红
C8	电源 TSV5	红
D5	CAN-H	黄
D6	CAN-L	白
D8	点火（IG）	绿

 拓展阅读

2.1.7　电动助力转向系统常见故障诊断方法

1. 转向困难

故障现象：

汽车在转向时，发生转向沉重、不灵敏等转向困难现象。

故障原因：

1）前轮胎充气不当、磨损不均匀。

2）前轮定位错误。

3）前悬架下球节磨损、松旷等。

4）转向机总成发生故障。

5）转矩传感器（内置于转向柱）发生故障。

6）动力转向电机发生故障。

7）蓄电池和电源系统发生故障。

8）动力转向 ECU 电源电压异常和继电器发生故障。

9）动力转向 ECU 发生故障。

诊断与排除：

1）检查前轮气压是否正常，胎面磨损是否均匀。

2）检查前悬架下球节是否磨损、松旷，如不能修复进行更换。

3）检查前轮定位参数是否正常，如不正常，调整前轮定位参数。

4）检查转向机总成，若不正常进行修复或更换。

5）检查蓄电池和电源系统是否正常，若不正常进行修复或更换。

6）检查动力转向 ECU 是否正常，若不正常进行修复或更换。

7）检查转矩传感器和动力转向电机是否正常，若不正常进行修复或更换。

2. 左右转向力矩不同或转向力矩不均

故障现象：

汽车在转向时，在向左和向右操纵时，明显感觉沉重感不同。

故障原因：

1）前轮胎充气不当，磨损不均匀。

2）前轮定位错误。

3）前悬架下球节磨损、松旷等。

4）转向机总成发生故障。

5）转向中心点（零点）记录错误。

6）转矩传感器（内置于转向柱）发生故障。

7）转向柱总成发生故障。

8）动力转向电机发生故障。

9）动力转向 ECU 发生故障。

诊断与排除：

1）检查前轮气压是否正常，胎面磨损是否均匀。

2）检查前悬架下球节是否磨损、松旷，如不能修复进行更换。

3）检查前轮定位参数是否正常，如不正常，调整前轮定位参数。

4）检查转向机总成，若不正常进行修复或更换。

5）检查转向中心点（零点）记录是否错误，若记录错误重新进行校正。

6）检查动力转向 ECU 是否正常，若不正常进行修复或更换。

7）检查转矩传感器和动力转向电机是否正常，若不正常进行修复或更换。

3. 行驶时转向力矩不随车速改变，或转向盘不能正确回正

故障现象：

汽车在行驶时，车速改变但转向力矩不能同步变化，转向盘不能正确回正。

故障原因：

1）前悬架下球节磨损、松旷等。

2）转速传感器发生故障。

3）防滑控制 ECU 发生故障。

4）转矩传感器（内置于转向柱）发生故障。

5）动力转向电机发生故障。

6）动力转向 ECU 发生故障。

7）CAN 通信系统发生故障。

诊断与排除：

1）检查前悬架是否磨损、松旷，如不能修复进行更换。

2）检查转速传感器是否正常，若不正常进行修复或更换。

3）检查防滑控制 ECU 是否正常，若不正常进行修复或更换。

4）检查动力转向 ECU 是否正常，若不正常进行修复或更换。

5）检查转矩传感器和动力转向电机是否正常，若不正常进行修复或更换。

6）检查 CAN 通信系统是否正常，若不正常进行修复或更换。

4. 动力转向工作时，转动转向盘时出现敲击（或摇动）声

故障现象：

汽车行驶转向时，转向盘出现敲击（或摇动）声。

故障原因：

1）前悬架下球节磨损、松旷等。

2）转向中间轴磨损、松旷等。

3）动力转向电机发生故障。

4）动力转向 ECU 发生故障。

诊断与排除：

1）检查前悬架是否磨损、松旷，如不能修复进行更换。

2）检查转向中间轴是否磨损、松旷，如不能修复进行更换。

3）检查动力转向电机是否正常，若不正常进行修复或更换。

4）检查动力转向 ECU 是否正常，若不正常进行修复或更换。

2.1.8　北汽 EV160 电动助力转向系统故障诊断

1. 故障现象

小王在某新能源汽车 4S 店工作，今天接了一辆北汽 EV160 纯电动汽车，该车行驶中没有转向助力，仪表盘上部显示"EPS 系统故障"，如图 2-1-15 所示，经检查师傅告诉小王转向助力电机没有工作。

图 2-1-15　仪表显示 EPS 系统故障

2. 故障诊断过程

北汽 EV160 电动助力转向系统常见故障现象如图 2-1-16 所示。

北汽 EV160 电动助力转向系统常见故障原因如图 2-1-17 所示。

（1）读取故障码　将北汽专用诊断仪连接至车辆诊断接口，打开点火开关，进入诊断页面，单击进入系统选择，选择进入电动助力转向系统，读取故障码，如图 2-1-18 所示。

结果显示无法进入 EPS 控制系统。再次读取故障码，诊断仪仍然显示无法进入 EPS 系统。

（2）动态监测　打开 FSA740 诊断仪，进入通用示波器界面，取下两个通道检测线，如图 2-1-19 所示。

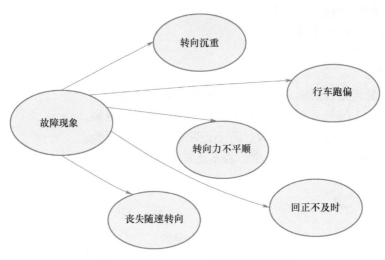

图 2-1-16　EV160 EPS 故障现象分类

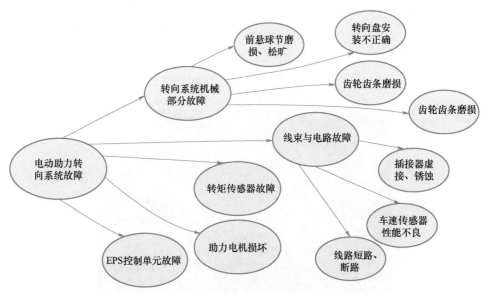

图 2-1-17　北汽 EV160 EPS 常见故障原因

图 2-1-18　读取 EPS 故障码

图 2-1-19　FSA740 探测端子

掀起北汽 EV160 副驾驶杂物箱下方地垫，找出 EPS 控制单元的转矩传感器线束，如图 2-1-20 所示。

将 FSA740 两个通道的诊断探头连接上探针，插入 EPS 电控单元转矩传感器信号插头的后端线束，如图 2-1-21 所示。

图2-1-20　北汽 EV160 EPS 转矩传感器线束位置

图 2-1-21　用探针检测转矩传感器信号

读取 FSA740 综合诊断仪两个通道的波形，结果显示没有转矩传感器信号电压。

（3）静态检测　打开机舱盖，安装翼了板布和前格栅布，打开继电器盒，如图 2-1-22 所示。

检查 EPS 控制单元供电熔丝 FB03，发现 EPS 控制单元供电熔丝 FB03 熔断，如图 2-1-23 所示。

图 2-1-22　打开继电器盒

图 2-1-23　检查 FB03 熔丝

（4）故障修复　更换新的熔丝，如图 2-1-24 所示。

（5）试车　打开点火开关置 ON 位，观察仪表盘，仪表盘上部未显示"EPS 系统故障"，如图 2-1-25 所示。

车辆转向助力正常，如图 2-1-26 所示。

使用诊断仪读取 EPS 系统故障码，没有故障码，EPS 系统正常，如图 2-1-27 所示。

图 2-1-24　更换 FB03 熔丝

图 2-1-25　观察仪表故障显示

图 2-1-26　恢复转向助力

图 2-1-27　读取 EPS 故障码

关闭点火开关置于 OFF 位置，退出诊断软件，拔下诊断仪插头，取下三件套，关闭车门，安装继电器盒盖，取下前格栅布和翼子板布，关闭机舱盖。

3. 故障分析

EPS 控制单元供电熔丝熔断后，EPS 控制单元无法正常工作，无法给转向系统提供助力，更换新的 EPS 控制系统供电熔丝后，EPS 系统工作正常，故障现象及故障显示消失，车辆正常。

 学习小结

1. 电动助力转向系统按照辅助电机的布置方式可分为：转向柱助力式（Column - assist type EPS）、小齿轮助力式（Pinion- assist type EPS）、齿条助力式（Rack- assist type EPS）和直接助力式（Direct- drive type EPS）四种。

2. 电动助力转向系统主要由转矩传感器、车速传感器、助力电机、减速机构和电子控制单元（ECU）等组成。

3. 转矩传感器是 EPS 系统中最重要的器件之一。转矩传感器的种类有很多，主要有电位计式转矩传感器、金属电阻应变片的转矩传感器和非接触式转矩传感器等，随技术的进步将会有精度更高、成本更低的传感器出现。

任务工单2.1

任务名称	电动助力转向系统的检修	学时	4	班级	
学生姓名		学生学号		任务成绩	
实训设备、工具及仪器	多媒体教学设备 1 套、北汽 EV160 电动汽车 4 台（或 XK-XNY-EPS1 型 EPS 实训台 4 台）、FSA740 综合诊断仪 4 台、北汽 EV160 专用诊断仪 4 个。	实训场地	一体化教室	日期	
客户任务描述	小王在某新能源汽车 4S 店工作，今天接了一辆北汽 EV160 纯电动汽车，该车行驶中没有转向助力，仪表盘上部显示"EPS 系统故障"，经检查师傅告诉小王转向助力电机没有工作，你知道如何安全、规范地检测电动助力转向系统吗？				
任务目的	请根据任务要求，安全、规范地对助力电机不工作进行检修。				

一、资讯

1. 对于纯电动汽车而言，采用_____是必然选择，因为它本身不用_____，助力转向系统动力的来源只来自_____，所以纯电动汽车动力转向系统的选择只能是_____或者_____，一般来讲，设计者都是趋向于选择_____。

2. 对于目前的大多数车辆来说，使用的都是_____的电源系统，能够带动的助力电机_____有限，虽然可以通过搭配不同的_____改变助力电机的_____，适应范围较_____更广，但是改变范围毕竟有限，对于转向负荷较大的大型车辆来说，_____仍然有些力不从心。

3. 转向轴助力式转向系统其_____、电机、_____和转向助力机构组成一体，安装在_____上。

4. 小齿轮助力式转向系统的转矩传感器、电机、离合器和转向助力机构仍为一体，只是整体安装在转向小齿轮处，直接给_____助力，能够获得较大的_____。

5. 齿条助力方案的助力转矩作用在_____上，助力转矩没有经过_____的放大，因此要求电机的减速机构具有较大的_____，_____相对较大。

6. 电动助力转向系统主要由_____、_____、电机、减速机构和_____等组成。

7. 转矩传感器是 EPS 系统中最重要的器件之一。转矩传感器的种类有很多，主要有电位计式转矩传感器、_____转矩传感器和_____转矩传感器等。

8. 北汽 EV160 转矩传感器由两个带孔圆环、_____、线圈盒及_____组成。它获得转向盘上操作力大小和方向信号，并把它们转换为_____，传递到_____。

9. 安装在转向器上的助力电机由一个_____，一个_____和一个_____组成。

10. EPS 控制器结构由壳体、盖、_____和_____等组成。

11. 说明下图中各个部件之间的工作逻辑关系和作用。

```
钥匙信号  ──ON──┐                    ┌──CAN-H──→  整车
                 │                    │  ←─CAN-L──  控制器(VCU)
转矩传感器 ──转矩信号──→  EPS控制器  ──┤
                 │                    │  ──V+──→  EPS驱动电机
EPS内传感器 ──电压/电机位置/       ──┘  ──V-──→
            电机转速/电机转子位置
```

_____
_____
_____
_____
_____
_____
_____
_____

二、计划与决策

请根据任务要求,确定所需要的仪器、工具,并对小组成员进行合理分工,制订详细的电动助力转向系统检修计划。

1. 需要的仪器、工具

2. 小组成员分工

3. 计划

三、实施

1)将北汽专用诊断仪连接至_____,打开点火开关,进入诊断页面,单击进入_____,选择进入_____,读取故障码。

2)打开 FSA740 诊断仪,进入_____界面,取下_____,掀起北汽 EV160 副驾驶杂物箱下方_____,找出 EPS 控制单元的_____。

3)将 FSA740 两个通道的诊断探头连接上_____,插入 EPS 电控单元转矩传感器信号插头的_____。

4)读取 FSA740 综合诊断仪_____的波形,结果显示没有_____信号电压。

5)打开_____,安装翼子板布和前格栅布,打开_____。

6)检查 EPS 控制单元_____,发现 EPS 控制单元熔断_____。

7)更换新的_____。

8)打开点火开关置_____位,观察仪表盘,仪表盘上部_____"EPS 系统故障"。

9)使用诊断仪读取_____,没有故障码,EPS 系统_____。

10)关闭点火开关置_____位,退出诊断软件,拔下_____,取下三件套,关闭车门,安装_____,取下前格栅布和翼子板布,关闭_____。

通过上述过程,请总结电动助力转向系统检修过程中需要注意的事项:

1)_____

2)_____

3)_____

四、检查

对电动助力转向系统并进行如下检查：

1）检查转向助力矩：_____。

2）检查电动助力转向系统故障码：_____。

3）检查中控台上的故障显示：_____。

4）检查仪表盘上的故障显示：_____。

五、评估

1. 请根据自己任务完成的情况，对自己的工作进行自我评估，并提出改进意见。

1）_____

_____

2）_____

_____

3）_____

_____

2. 工单成绩（总分为自我评价、组长评价和教师评价得分值的平均值）

自我评价	组长评价	教师评价	总分

学习单元2.2　电控制动系统的检测与修复

任务导入

小王在某新能源汽车4S店工作，今天接了一辆北汽EV160纯电动汽车，该车行驶中仪表盘上部显示制动系统故障，仪表盘下部系统故障灯点亮，车辆前部持续传来响声，经检查师傅告诉小王电控制动系统有故障，你知道如何安全、规范地检测电控制动系统吗？

学习目标

1. 能根据故障现象选择合适的维修手册。
2. 能正确对电控制动系统进行检测。
3. 能根据维修手册拆装电控制动系统。
4. 能正确对高压部件进行安全防护拆装。

理论知识

2.2.1　新能源汽车制动系统概述

制动系统是汽车安全系统。制动系统是汽车上依靠外界（主要是路面）在汽车某些部分（主要是车轮）施加一定的力，从而对其进行一定程度的强制制动的一系列专门装置。制动系统的作用是使行驶中的汽车按照驾驶人的要求进行强制减速甚至停车；使已停驶的汽车状态保持静止稳定。

制动系统主要由供能装置、控制装置、传动装置和制动器组成。

1. 供能装置

供能装置包括供给、调节制动所需能量以及改善传动介质状态的各种部件。

汽车制动系统为伺服制动系统，是在人力液压制动系统的基础上加设一套动力伺服系统，即兼用人体和发动机作为制动能源的制动系统。在正常情况下，制动能量大部分由动力伺服系统供给，而在动力伺服系统失效时，还可全靠驾驶人供给。按伺服系统的输出力作用部位和对其控制装置的操纵方式不同，伺服制动系统可分为助力式（直接操纵式）和增压式（间接操纵式）两类。前者中的伺服系统控制装置用制动踏板机构直接操纵，其输出力也作用于液压主缸，以助踏板力的不足；后者中的伺服系统控制装置用制动踏板机构通过主缸输出的液压操纵，且伺服系统的输出力与主缸液压共同作用于一个中间传动液缸，使该液缸输出到轮缸的液压远高于主缸液压。伺服制动系统又可按伺服能量的形式分为气压伺服式、真空伺服式和液压伺服式三种，其伺服能量分别为气压能、真空能（负气压能）和液压能。

汽车伺服制动系统主要采用真空助力式伺服制动系统。汽油发动机进气歧管能产生真空，真空助力器可以应用在汽油发动机的车上，而电动汽车没有发动机，无法产生真空源，所以需要加装一个真空泵。真空泵的常见结构有三种形式。

（1）隔膜式　隔膜式真空泵外形如图 2-2-1 所示。

其利用特殊设计加工的柔性隔膜取代活塞，在驱动电机作用下实现往复运动，在泵头的吸入端和排出端各设一个单向阀，在行程的前半周将气体吸入并于后半周将气体排出泵头，完成吸入-排出过程，并且通过改变行程的往复运动频率或每次往复运动的行程长度，可以达到调节抽真空速度的目的。

如图 2-2-2 所示，隔膜式真空泵处于吸气状态。曲轴转动带动活塞向右移动，拉杆拉动隔膜向右移动，吸气阀打开，从真空罐内抽取空气，真空罐内增加真空度，此时排气阀关闭。

图 2-2-1　隔膜式真空泵

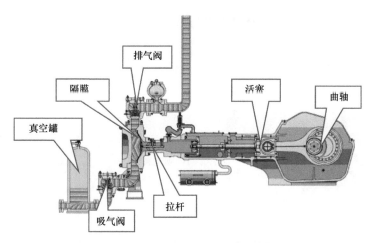

图 2-2-2　隔膜式真空泵吸气状态

如图 2-2-3 所示，隔膜式真空泵处于排气状态。曲轴转动推动活塞向左移动，使隔膜向左挤压，此时吸气阀关闭，排气阀打开，上一行程从真空罐吸入的空气从排气阀挤压排出。如此往复循环，真空罐内的空气不断被抽出，真空度持续增加。

隔膜式真空泵的特点：

1）无须任何工作介质（无油），不产生污染，同时气体交换舱室内置有过滤材料，从而保证了空气的纯净。

2）采用无摩擦的膜片运动，不产生热量，无摩擦损耗，寿命长。

3）可采用压力可调式设计，可满足一定范围内的真空度和气体流速。

4）可以空运行，不会产生危险，无须润滑，维修简便。

（2）叶片式真空泵　叶片泵式真空泵结构如图 2-2-4 所示，主要由泵体、转轴、偏心转子和叶片等组成。

叶片式真空泵内转子在电机带动下旋转，转子上嵌入的叶片由于离心力被甩出，紧贴在泵体内壁上，转子与叶片旋转过程中，左侧腔体空间逐渐增大，右侧腔体空间逐渐减小，如

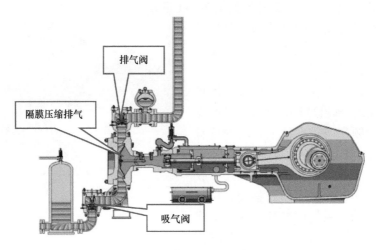

图 2-2-3　隔膜式真空泵排气状态

图 2-2-5所示。空气由吸气侧吸入，从排气侧排出，从而达到抽真空的作用。

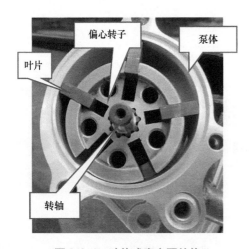

图 2-2-4　叶片式真空泵结构

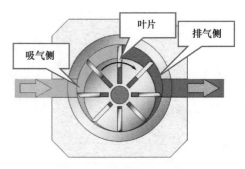

图 2-2-5　叶片式真空泵工作状态

叶片式真空泵的优点为：

1）吸排气的流量较为均匀，运转平稳，噪声小。

2）工作压力较高，容积效率也较高。

3）易于实现流量调节，结构紧凑，轮廓尺寸小而流量大。

叶片式真空泵的缺点为：

1）自吸性较隔膜式真空泵差。

2）叶片容易被空气中的杂质卡住，工作可靠性较差。

3）结构较复杂，零部件制造精度要求较高，价格较贵。

（3）摇摆式活塞泵　摇摆式活塞泵外形如图 2-2-6 所示。外部主要能看到驱动电机、气缸和曲轴箱等。

内部结构如图 2-2-7 所示，主要由顶盖、阀板、气缸、机壳、活塞皮碗、连杆机构和风扇等组成。

图 2-2-6　摇摆式活塞泵外形

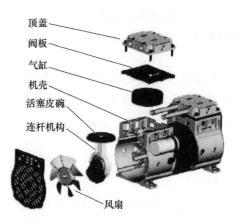

图 2-2-7　摇摆式活塞泵的结构

　　摇摆式活塞泵的工作原理如图 2-2-8 所示，摇摆式活塞泵又称为电动往复泵，从结构上分为单缸和多缸，摇摆式活塞泵工作时曲柄旋转，通过连杆带动活塞上下运动，从真空罐吸入口吸入空气，在排气行程中将吸入的气体通过排气口排出，如此往复循环运动，不断地抽吸空气，达到产生真空的作用。

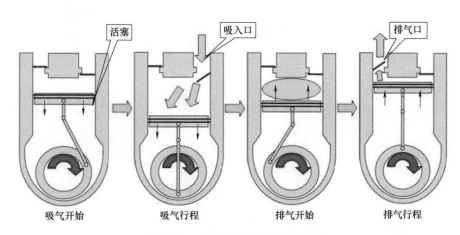

图 2-2-8　摇摆式活塞泵的工作原理

摇摆式活塞泵的特点：

1）摩擦低，温升速度尚可。

2）噪声、成本和连续工作时长较为均衡，即可作为辅助真空源，也可应用于中低档车的独立真空源。

2. 控制装置

控制装置包括产生制动动作和控制制动效果的各种部件，如制动踏板、ABS 控制单元（见图 2-2-9）。

ABS 系统通常由电动泵、储能器、主控制阀、电磁控制阀和一些控制开关等组成。实质上，ABS 系统就是通过电磁控制阀体上的控制阀控制分泵上的油压迅速变大或变小，从而实现了防抱死制动功能。

3. 传动装置

传动装置包括将制动能量传输到制动器的各个部件如制动主缸（见图 2-2-10）、轮缸。

4. 制动器

制动器是产生阻碍车轮运动或运动趋势的部件。

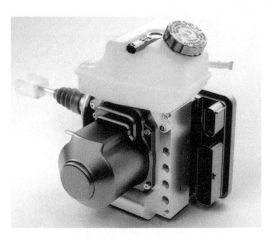

图 2-2-9　ABS 控制单元

电动汽车所用的制动器，一般为前盘后鼓，盘式制动器效率较高，散热和防水衰退性好，但价格较贵。现在使用的盘式制动器，主要是浮动钳式盘式制动器，制动钳体是浮动的，如图 2-2-11 所示。制动油缸均为单侧，且与油缸同侧的制动块总成是活动的，另一侧的制动块总成则固定在钳体上。制动时在油液压力作用下，活塞推动活动制动块总成压靠在制动盘上，而反作用力则推动制动钳体连同固定制动块总成压向制动盘另一侧，直到两制动块总成受力均等为止。

制动主缸

图 2-2-10　制动主缸

图 2-2-11　盘式制动器

2.2.2　北汽 EV160 电控制动系统

与传统汽车相比，北汽 EV160 制动系统的区别主要是电动真空泵及相关附件，其在车上的安装位置如图 2-2-12 所示。

北汽 EV160 电控制动系统的真空泵采用摇摆式活塞泵，其真空罐上有真空压力传感器，如图 2-2-13 所示。

1. 北汽 EV160 电动真空泵的结构

北汽 EV160 电动真空泵的结构如图 2-2-14 所示，在泵体正面装有排气阀的空气滤芯和滤芯盖。

电动真空泵内有两个对置安装的活塞，如图 2-2-15 所示。

2. 北汽 EV160 电动真空泵的性能参数

1）外形尺寸：电动真空泵为 214.5mm×95mm×114mm，真空罐为 120mm×226mm。

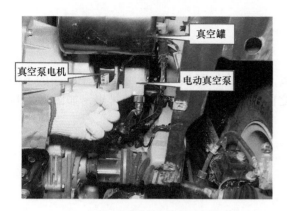

图 2-2-12　电动真空泵安装位置

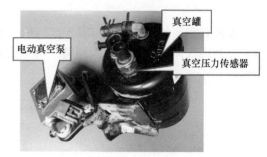

图 2-2-13　EV160 制动真空泵

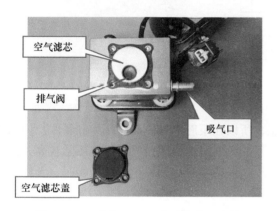

图 2-2-14　北汽 EV160 电动真空泵结构

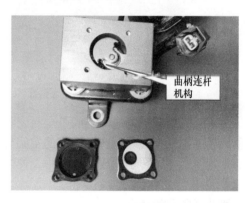

图 2-2-15　北汽 EV160 电动真空泵的结构

2）重量：3.5kg。

3）工作电流：不大于 15A；最大工作电流：不大于 25A。

4）额定电压：12VDC。

5）转速：1700r/min。

6）最大真空度：大于 85kPa。

7）测试容积：2L。

抽至真空度 55kPa，压力形成时间：不大于 4s。

抽至真空度 70kPa，压力形成时间：不大于 7s。

真空度从 40kPa 抽至 85kPa，压力形成时间：不大于 4s。

8）延时模块接通闭合的真空度：55kPa。

9）延时时间：15s。

10）使用寿命：30 万次。

11）工作环境温度范围：−20～100℃。

12）启动温度：−30℃。

13）噪声：小于75dB。

拓展阅读

2.2.3 罗茨真空泵

罗茨真空泵的工作原理与罗茨鼓风机类似，其结构如图2-2-16所示。由于转子的不断旋转，被抽气体从进气口吸入到转子与泵壳之间的空间内，再经排气口排出，如图2-2-17所示。

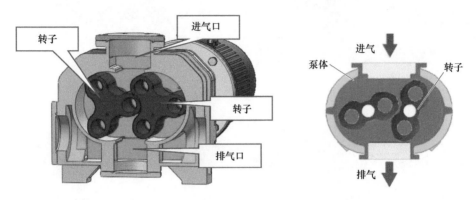

图2-2-16 罗茨真空泵的结构　　　图2-2-17 罗茨真空泵的工作原理

由于吸气后转子围成的空间是全封闭状态，所以在泵腔内气体没有压缩和膨胀。但当转子顶部转过排气口边缘，转子围成的空间与排气侧相通时，由于排气侧气体压强较高，则有一部分气体返冲到转子围成的空间中，使气体压强突然增高。当转子继续转动时，气体被排除泵外。

罗茨真空泵的特点：

1）较宽的压强范围内有较大的抽速。

2）起动快，能立即产生真空。

3）对被抽气体中含有的灰尘和水蒸气不敏感。

4）转子不必润滑，泵腔内无油。

5）振动小，转子动平衡条件好，结构紧凑，机械摩擦损失小。

实践技能

2.2.4 北汽EV160电控制动系统故障诊断

1. 故障现象

小王在某新能源汽车4S店工作，今天接了一辆北汽EV160纯电动汽车，该车行驶中仪表盘上部显示制动系统故障，如图2-2-18所示，仪表盘下部系统故障灯点亮，车辆前部持续传来响声。

2. 故障诊断过程

北汽EV160电控制动系统常见故障现象如图2-2-19所示。

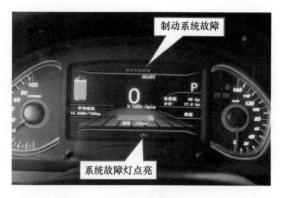

图 2-2-18　仪表显示制动系统故障

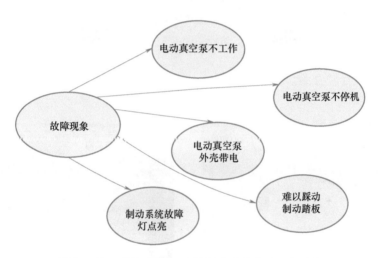

图 2-2-19　北汽 EV160 电控制动系统故障现象分类

北汽 EV160 电控制动系统常见故障原因如图 2-2-20 所示。

（1）读取故障码　将北汽专用诊断仪连接至车辆诊断接口，打开点火开关，进入诊断页面，单击进入系统选择，选择进入电控制动系统，读取故障码，如图 2-2-21 所示。

结果显示真空压力信号过低。清除故障码后再次读取故障码，诊断仪仍然显示真空压力信号过低。

中控显示系统存在微度故障，如图 2-2-22 所示。

（2）动态监测　打开 FSA740 诊断仪，进入通用示波器界面，取下通道检测线（参见图 2-1-19）。

将 FSA740 通道 1 上的诊断探头连接上探针，插入真空压力传感器信号插头的后端线束，如图 2-2-23 和图 2-2-24 所示。检测真空罐上的真空压力传感器信号电压，经检测信号电压很小，低于正常范围。

（3）静态监测　拔下真空压力传感器插头，测量该插头端子与 VCU 之间相应端子的电源、搭铁和信号线，如图 2-2-25 和图 2-2-26 所示，经检查线束电源有 5V 供电，搭铁良好，信号线无断路。判断真空压力传感器存在故障。

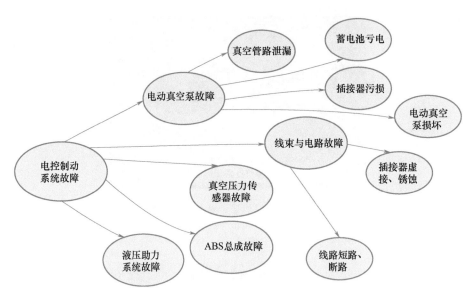

图 2-2-20　北汽 EV160 电控制动系统常见故障原因

图 2-2-21　读取制动系统故障码

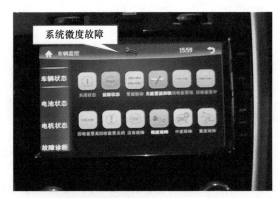

图 2-2-22　中控显示系统微度故障

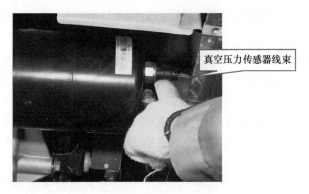

图 2-2-23　EV160 真空压力传感器线束位置

图 2-2-24　检测真空压力传感器插头

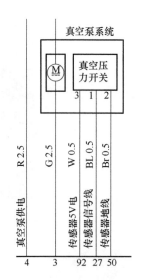

图 2-2-25　真空压力传感器
与 VCU 连接端子

（4）故障修复　更换新的真空压力传感器，如图 2-2-26 所示。

图 2-2-26　更换真空压力传感器

（5）试车　打开点火开关置 ON 位，观察仪表盘，仪表盘上部未显示"制动系统故障"，仪表下方的故障指示灯熄灭，如图 2-2-27 所示。

车辆制动助力正常，使用诊断仪读取整车控制器故障码，没有故障码，电动真空助力系统正常。

关闭点火开关置 OFF 位，退出诊断软件，拔下诊断仪插头。

3. 故障分析

真空罐上的真空压力传感器故障，给 VCU 传递错误的真空压力信号，VCU 无法判断真空罐真实的压力情况，为保证真空制动系统助力效果，驱动电动真空泵持续工作产生真空，所以车辆前部持续传来噪声，同时在组合仪表上显示电控制动系统故障并点亮故障灯。

119

图 2-2-27　观察仪表故障显示

 学习小结

1. 制动系统是汽车安全系统，是汽车上用以使外界（主要是路面）在汽车某些部分（主要是车轮）施加一定的力，从而对其进行一定程度的强制制动的一系列专门装置。

2. 制动系统主要由供能装置、控制装置、传动装置和制动器组成。

3. 隔膜式真空泵利用特殊设计加工的柔性隔膜取代活塞，在驱动电机作用下实现往复运动，在泵头的吸入端和排出端各设一个单向阀，于行程的前半周将气体吸入并于后半周将气体排出泵头，完成吸入-排出过程，并且通过改变行程的往复运动频率或每次往复运动的行程长度，可以达到调节抽真空速度的目的。

任务工单2.2

任务名称	电控制动系统的检修	学时	4	班级	
学生姓名		学生学号		任务成绩	
实训设备、工具及仪器	多媒体教学设备 1 套、北汽 EV160 电动汽车 4 台（或 XK-XNY-GSZD1 型电控制动实训台 4 台），万用表 4 个、北汽 EV160 诊断仪 4 台、博世 FSA740 综合分析仪 4 台。	实训场地	一体化教室	日期	
客户任务描述	小王在某新能源汽车 4S 店工作，接了一辆北汽 EV160 纯电动汽车，该车行驶中仪表盘上部显示制动系统故障，仪表盘下部系统故障灯点亮，车辆前部持续传来响声，经检查师傅告诉小王电控制动系统有故障，你知道如何安全、规范地检测电控制动系统吗？				
任务目的	请根据任务要求，安全、规范地对电控制动系统进行检修。				

一、资讯

1. 制动系统主要由_____、_____、传动装置和_____组成。

2. 伺服制动系统又可按伺服能量的形式分为_____、_____和液压伺服式三种，其伺服能量分别为气压能、_____和_____。

3. 汽油发动机_____能产生真空，_____可以应用在汽油发动机的车上，而电动汽车没有发动机，无法产生_____，所以需要加装一个_____。

4. 隔膜式真空泵利用特殊设计加工的_____取代活塞，在驱动电机作用下实现往复运动，在泵头的吸入端和_____各设一个单向阀，于行程的_____将气体吸入并于后半周将气体排出_____，完成吸入-排出过程。

5. 隔膜式真空泵处于排气状态。曲轴转动推动活塞向左移动，使隔膜_____，此时吸气阀关闭，排气阀打开，上一行程从真空罐吸入的空气从_____挤压排出。如此往复循环，_____内的空气不断被抽出，_____持续增加。

6. 叶片式真空泵内转子在电机带动下_____，转子上嵌入的_____由于_____被甩出，紧贴在泵体内壁上，_____旋转过程中，_____空间逐渐增大，右侧腔体空间逐渐减小。

7. 摇摆式活塞泵内部结构主要由顶盖、_____、气缸、机壳、_____、_____和风扇等组成。

8. 北汽 EV160 电控制动系统的真空泵采用_____，其真空罐上有_____。

9. 说明下图中真空泵的类型和工作原理。

活塞　　吸入口　　排气口

吸气开始　　吸气行程　　排气开始　　排气行程

二、计划与决策

请根据任务要求，确定所需要的仪器、工具，并对小组成员进行合理分工，制订详细的电控制动系统检修计划。

1. 需要的仪器、工具

2. 小组成员分工

3. 计划

三、实施

1) 将北汽专用诊断仪连接至车辆诊断接口，打开点火开关，进入诊断页面，单击进入系统选择，选择进入_____，读取_____。

2) 结果显示真空压力信号_____。再次读取故障码，诊断仪仍然显示_____。中控显示系统存在_____。

3) 打开 FSA740 诊断仪，进入_____界面，取下通道_____。

4) 将 FSA740 通道 1 上的诊断探头连接上_____，插入_____信号插头的后端线束。

5) 拔下_____插头，测量该插头端子与_____之间相应端子的通断。

6) 更换新的_____。

7) 打开点火开关置于 ON 位置，观察仪表盘，仪表盘上部未显示_____，仪表下方的_____熄灭。

8) 车辆_____正常，使用诊断仪读取整车控制器故障码，_____，电动真空助力系统正常。

9) 关闭点火开关置_____，退出诊断软件，拔下_____。

通过上述过程，请总结电控制动系统检修过程中需要注意的事项：

1) _____

2) _____

3) _____

四、检查

检修电控制动系统并进行如下检查：

1) 检查制动真空压力传感器信号：_____。

2) 检查制动真空泵工作情况：_____。

3) 检查组合仪表上的故障显示：_____。

4) 检查诊断仪中的故障码：_____。

五、评估

1. 请根据自己任务完成的情况，对自己的工作进行自我评估，并提出改进意见。

1) _____

2）_____

_____

3）_____

_____

2. 工单成绩（总分为自我评价、组长评价和教师评价得分值的平均值）

自我评价	组长评价	教师评价	总分

小王为某新能源汽车 4S 店销售，某客户买了一辆北汽 EV160 纯电动汽车后，询问远程控制汽车的手机 APP 是怎么使用的。你知道如何向客户解释什么是北汽新能源远程控制平台吗？你知道怎么给车主安装此手机 APP 吗？

1. 能够正确向客户讲解北汽新能源远程控制平台系统。
2. 能够使用云钥匙用户服务网。
3. 能够帮助客户接入 C33DB 远程控制平台。
4. 能熟练操作手机 APP 查看车辆状态。
5. 能对车载终端进行拆装作业。

2.3.1　北汽新能源远程控制平台系统

北汽新能源 C33DB 远程控制平台是用来与车载终端及手机 APP 配合工作的，是实现车主对车辆远程状态查询和远程车辆控制等功能的系统。

1. C33DB 远程控制平台系统的组成

C33DB 远程控制平台系统主要由车载终端、远程控制平台（云钥匙用户服务网、inCOM 基础数据平台等）和 C33DB 手机 APP 组成。

北汽新能源为了使接入控制平台的车辆能在二期平台中管理，在两个平台间增加了数据转发接口，从二期平台看来，车辆数据相当于是直接接入了二期平台，其拓扑结构如图 2-3-1 所示。

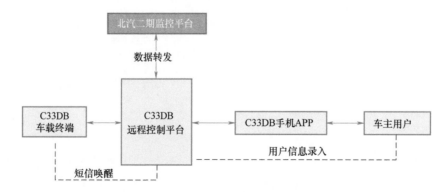

图 2-3-1　北汽 C33DB 远程控制平台拓扑结构

2. 云钥匙用户服务网

云钥匙用户服务网包括后台管理界面和前台用户界面。

（1）后台管理界面　后台管理界面主要提供给维护人员、客服人员使用，在其中进行相关信息的管理和维护，做完初始化维护工作之后车主才能按照流程使用云服务。在车主使用过程中，可能需要在后台根据客户要求进行相关信息的修改、手机绑定的解除、用户意见反馈的回复及查看等。

云钥匙用户服务网后台管理的界面如图 2-3-2 所示。

图 2-3-2　云钥匙用户服务网后台管理界面

（2）前台用户界面　前台用户界面主要提供给车主使用，车主需要在其中完善个人信息并进行激活后，设置功能、下载手机 APP，再使用自己设置的账号和密码进行登录。使用过程中如果有信息变更也可以在前台进行修改，并可查询车辆轨迹、个人操作日志等信息。

云钥匙用户服务网前台用户界面如图 2-3-3 所示。

图 2-3-3　云钥匙用户服务网前台用户界面

（3）用户接入 C33DB 远程控制平台的流程　用户接入 C33DB 远程控制平台的流程如图 2-3-4 所示。

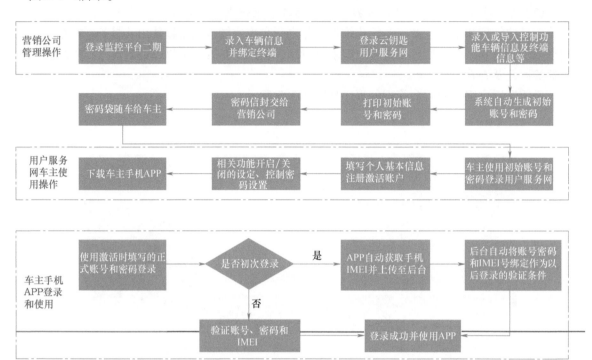

图 2-3-4　用户接入 C33DB 远程控制平台流程

2.3.2　北汽纯电动汽车车载终端

1. 车载终端的组成

北汽 EV160 纯电动汽车的车载终端由一根天线和一个数据记录仪组成，天线如图 2-3-5 所示，数据记录仪如图 2-3-6 所示。

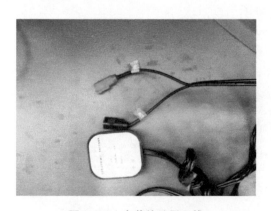

图 2-3-5　车载终端用天线

图 2-3-6　车载终端用记录仪

SD 卡的安装位置及线束与车载终端的连接方式如图 2-3-7 所示。

车载终端上指示灯从左到右依次为：RUN、GPRS、GPS、CAN1、CAN2 和 SD。各指示

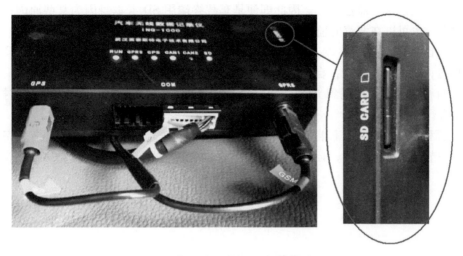

图 2-3-7 记录仪上 SD 卡的安装位置与线束连接方式

灯代表的含义见表2-3-1。

表 2-3-1 记录仪指示灯的含义

指示灯名称	颜色	状态	代表含义
RUN	红色	闪烁，1Hz	终端运行正常
		其他	终端故障
GPRS	绿色	亮	GPRS 已登录
		灭	GPRS 未登录
GPS	绿色	亮	GPS 已定位
		灭	GPS 未定位
CAN1	绿色	亮	CAN1 接收到数据
		灭	CAN1 未接收到数据
CAN2	绿色	亮	CAN2 接收到数据
		灭	CAN2 未接收到数据
SD	绿色	亮	SD 卡正在记录数据
		闪烁，1Hz	SD 卡暂停记录数据
		闪烁，2Hz	插入的 SD 卡未格式化或容量已满
		灭	无 SD 卡或 SD 卡处于只读状态

2. 车载终端的功能

车载终端能够与 VCU 通过 CAN 总线进行通信，服从整车控制器的控制命令，获取整车的相关信息。

（1）定位功能 车载终端能够用 GPS 对车辆进行定位。

（2）黑匣子功能 车载终端将在本地保存车辆最近运行一段时间的数据，作为"黑匣子"提供车辆故障或事故发生前的数据信息 存储的数据可由分析处理软件读取和分析。

（3）数据传输功能 车载终端能够将信息按照规定的时间和数据量，以无线通信

（GPRS）的方式发送到监控平台。因此即便是车载终端用 SD 卡本身因为某些原因损坏而无法读取数据，也可以在北汽的监控平台上找到这些数据。

（4）盲区补传　车载终端支持在通信网络不畅情况下，自动将数据保存至采集终端 flash 存储区，待网络正常后，自动/人工将数据上传至服务平台。

（5）自检功能　当检测到 GPS 模块故障、主电源故障等会主动上报警情到监控中心，辅助设备进行检修。

（6）远程升级　支持远程自动升级功能，自动接收来自服务平台的升级指令完成软件升级，大大节省了维护成本。必要情况下，借助本车载终端可对车辆通过 CAN 协议进行软件升级。

2.3.3　C33DB 手机 APP

1. APP 下载与安装

车主可在云钥匙用户服务网上进行手机 APP 的下载。

车主下载手机 APP 安装成功后，即可使用激活时自己设置的账号和密码登录；可选择记住密码和自动登录；APP 启动时会自动检测是否有新版本，如果有新版本发布，则会自动提示进行升级；当不是第一次登录手机 APP 且更换了手机，则需要先到用户服务网进行重置，否则由于账号和旧手机 IMEI 号绑定而无法登录。

2. APP 功能

如果是高配车型，则拥有 APP 的所有功能，即包括车辆状态、车辆控制、爱车体检、位置服务、意见反馈和设置等。如果是低配车型，则没有车辆控制功能。

（1）车辆状态　车主登录后，车辆在线时可以查看此时车辆的实时状态，如图 2-3-8 所示，包括当前总里程、剩余电量、续驶里程、电芯最高温度电芯最低温度、是否充电和空调状态等。

图 2-3-8　车辆状态界面

如果当前正在充电，则可以查看充电剩余时间，电池图标会动态的变化显示正在充电，如果 SOC 达到 95%，则会自动弹屏提示即将充电充满，如果 SOC 达到 98%，则自动弹屏提示充电已充满。另外，充电状态和空调状态发生变化时（如设置了定时充电或定时空调开启），也会弹屏提示。

（2）车辆控制　在车辆控制界面，如图 2-3-9 所示。车主可以对自己的车辆进行空调控制和充电控制，分别包括定时和及时控制，控制结果会弹屏反馈至界面，同时也可以查询所有的控制操作记录。

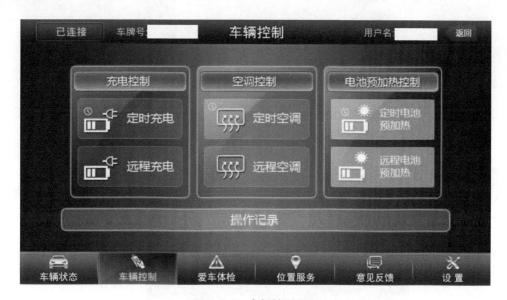

图 2-3-9　车辆控制界面

进行车辆控制时，需要输入云服务密码（控制密码），如图 2-3-10 所示。当车辆不在

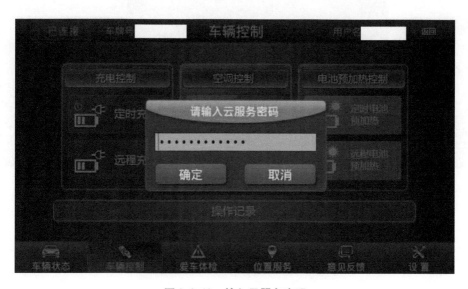

图 2-3-10　输入云服务密码

线，即终端处于休眠状态时，APP 发送控制指令后，首先控制平台后台通过短信方式唤醒终端，继而唤醒整车控制器，再按照既定的控制策略完成控制功能。

车主可以远程控制空调即时打开，可以选择空调类型和开启时长，如图 2-3-11 所示。

图 2-3-11　远程空调控制

当空调还在开启状态时，可以远程关闭空调。远程充电控制的操纵过程与此类似。

（3）爱车体验　车主可以对自己车辆进行体检，系统会根据制订的打分策略，按照目前已发生但还未结束的故障进行分数的计算，不同级别的分数以不同颜色显示，如图 2-3-12 所示。

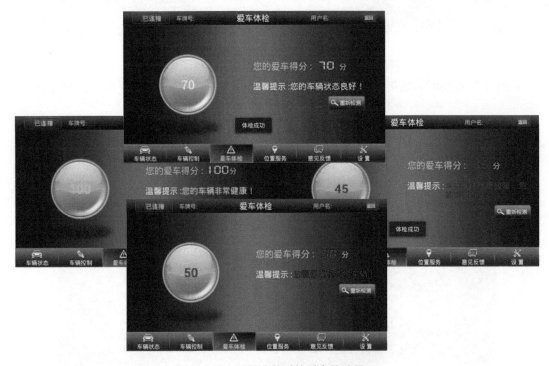

图 2-3-12　不同分数时的爱车体验界面

（4）位置服务　如果在云钥匙服务网中设置的位置服务是开启状态，则车主可以在手机 APP 中查询车辆现在的位置及人车直线距离，以便于寻找车辆，如图 2-3-13 所示。

图 2-3-13　位置服务功能

如果在云钥匙服务网中设置的位置服务是关闭状态，则手机 APP 会直接给出提示，将位置服务功能开启后，即可使用该功能。

2.3.4　车联网系统

车联网系统是指通过在车辆仪表台安装车载终端设备，实现对车辆所有工作情况和静、动态信息的采集、存储并发送。

1. 车联网系统的组成

车联网系统如图 2-3-14 所示，可分为车载终端、云计算处理平台和数据分析平台三大部分，根据不同行业对车辆的不同的功能需求实现对车辆有效监控管理。

1）车载终端采集车辆实时运行数据，实现对车辆所有工作信息和静、动态信息的采集、存储并发送。车载终端由传感器、数据采集器和无线发送模块组成，车辆实时运行工况包括驾驶人的操作行为、动力系统工作参数数据等。

2）云计算处理平台处理海量车辆信息，对数据进行"过滤清洗"。

3）数据分析平台则负责对数据进行报表式处理，供管理人员查看。

2. 车联网系统的意义

（1）车辆的全生命周期管理　通过对车辆的工况的数据采集和实时传输，生产厂家可以对自己的产品进行全生命周期的管理，也就是说一台车辆从走出厂门那天开始，所有的运行数据都会发回到生产厂家的"企业参数中心"，可以非常方便地生成各种分析报告，为以后的新产品的研发提供决策支持。

（2）提高车辆使用寿命　通过远程管理系统，可以采集到用户的使用习惯，除了给用户提供分析报告以外，也可以及时纠正用户的不良使用习惯，以延长车辆的使用寿命。

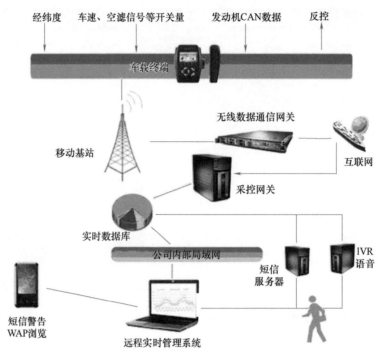

图 2-3-14　车联网系统

（3）节能减排　该系统会自动监测各重要部件的工况，有异常情况可以及时通知用户及厂家，以避免因动力系统等重要部件异常而引起不必要的高油耗，同时通过用户使用习惯的报告，也可以避免不良使用习惯而引起的高油耗。

（4）远程管理、诊断及维修　通过远程管理系统，可以进行远程系统升级从而降低维护人员的成本，远程定位设备故障，简易的故障可以通过远程排除。

2.3.5　车载终端认知

1. 车载终端的位置

车载终端安装在副驾驶室座椅的下方，如图 2-3-15 所示。

2. 车载终端的连接

车载终端上有四个线束插口，如图 2-3-16 所示，其中蓝色接口接入的是 GPS 信号，棕色接口接入的是 GPRS 信号，中间的两个接口中左侧接口未做连接、右侧接口包括电源及 CAN 总线等。

车载终端还有两个卡插槽，如图 2-3-17 所示，分别为 SD 卡插槽和 SIM 卡插槽，其中 SD 卡插槽可插入最大容量为 32G 的 SD 卡，SIM 卡插槽可插入支持 3G 网络的 SIM 卡。

3. 车载终端指示灯

车载终端上指示灯有 6 个，分别为 RUN、GPRS、GPS、CAN1、CAN2 和 SD。

图 2-3-15　车载终端安装位置

图 2-3-16　车载终端线束插口

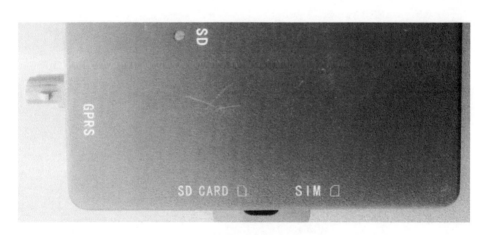

图 2-3-17　车载终端的卡插槽位置

4. 车载终端的连接线束

车载终端的连接线束有两条，分别为天线和低压线束。天线有两个插头，蓝色插头对应的是 GPS 接口，棕色插头对应的是 GPRS 接口。低压线束用于给车载终端供电及接入北汽 EV160 新能源 CAN 网络，从而与 VCU 进行通信；低压线束连接的是针脚较多的 COM 口。

 单元小结

1. 北汽新能源 C33DB 远程控制平台是用来和车载终端及手机 APP 配合工作的，是实现车主对车辆远程状态查询和远程车辆控制等功能的系统。远程控制系统由车载终端、远程控制平台和 C33DB 手机 APP 组成。

2. 云钥匙用户服务网包括后台管理界面和前台用户界面。后台管理界面主要提供给维护人员、客服人员使用，在其中进行相关信息的管理和维护，做完初始化维护工作之后车主

才能按照流程使用云服务。前台用户界面主要提供给车主使用，车主需要在其中完善个人信息并进行激活后，设置功能、下载手机 APP，再使用自己设置的账号和密码进行登录。

3. 车载终端能够与 VCU 通过 CAN 总线进行通信，服从整车控制器的控制命令，获取整车的相关信息。车载终端具有定位功能、黑匣子功能、数据传输功能、盲区补传、自检功能和远程升级等功能。

4. 北汽 EV160 高配车型拥有 C33DBAPP 的所有功能，即包括车辆状态、车辆控制、爱车体检、位置服务、意见反馈和设置等。

任务工单2.3

任务名称	远程控制平台系统的认知与手机 APP 的使用	学时	4	班级	
学生姓名		学生学号		任务成绩	
实训设备、工具及仪器	多媒体教学设备 1 套、北汽 EV160 纯电动汽车 4 辆。	实训场地	理实一体化教室	日期	
客户任务描述	一辆北汽 EV160 纯电动汽车，车载终端 SD 指示灯闪烁。				
任务目的	能够认识北汽 EV160 车载终端，正确使用手机 APP 进行车辆监控。				

一、资讯

1. 北汽新能源 C33DB 远程控制平台是用来和_____及_____配合工作的，是实现车主对车辆远程状态查询和_____等功能的系统。

2. C33DB 远程控制平台系统由_____、_____和_____组成。

3. 图中 A 为_____，B 为_____。

```
                北汽二期监控平台
                      ↕ 数据转发
  ┌───────┐    ┌──────────────┐    ┌───────┐    ┌─────────┐
  │   A   │←──→│   C33DB      │←──→│   B   │←──→│ 车主用户 │
  └───────┘    │ 远程控制平台  │    └───────┘    └─────────┘
      ┊        └──────────────┘    用户信息录入      ┊
      └┈┈┈┈┈┈ 短信唤醒 ┈┈┈┈┈┈┈┘    └┈┈┈┈┈┈┈┈┈┈┈┈┈┈┈┈┈┘
```

4. 云钥匙用户服务网包括_____和前台用户界面；后台管理界面主要提供给_____使用，在其中进行相关信息的_____，做完初始化维护工作之后车主才能按照流程使用云服务；前台用户界面主要提供给_____使用，车主需要在其中完善个人信息并进行_____后，设置功能、_____，再使用自己设置的账号和密码进行登录。使用过程中如果有信息变更也可以在_____进行修改，并可查询_____、个人操作日志等信息。

5. 车载终端由一根天线和_____组成，车载终端能够与_____通过_____进行通信，服从_____的控制命令，获取整车的相关信息。

6. 车载终端具有_____、_____、_____盲区补传、自检功能和_____功能。

7. 如果是高配车型，则拥有 APP 的功能包括_____、_____、爱车体检、_____、意见反馈和设置等。

8. 车主登录手机 APP 后，车辆在线时可以在车辆状态中查看此时车辆的实时状态，包括_____、_____、续驶里程、_____、是否充电和空调状态。

二、计划与决策

请根据任务要求，确定所需要的检测仪器、工具，并对小组成员进行合理分工，制订详细的工作计划。

1. 需要的检测仪器、工具

2. 小组成员分工

_____

_____

_____

_____

3. 计划

_____

_____

_____

_____

_____

三、实施

1）车载终端位置为_____。

2）车载终端连接线束 GPS 接头颜色为_____，GPRS 线束颜色为_____。

3）观察车载终端上 SD 卡指示灯是否闪烁_____，频率为_____，说明_____。

4）拔下车载终端天线与低压线束。观察车载终端，其型号为_____，车载终端上的指示灯有_____个，分别为_____。

5）车载终端上的卡插槽有_____个，分别为_____。

6）格式化 SD 卡，并将其重新插入 SD 卡插槽。

7）安装车载终端。

四、检查

1）检查车载终端两条天线是否接反_____。

2）检查车载终端连接线束是否连接到位_____。

3）检查 SD 卡指示灯，现象为_____。

五、评估

1. 请根据自己任务完成的情况，对自己的工作进行自我评估，并提出改进意见。

1）_____

_____

2）_____

_____

3）_____

2. 工单成绩（总分为自我评价、组长评价和教师评价得分值的平均值）

自我评价	组长评价	教师评价	总分

《纯电动汽车辅助系统检测与修复》理实一体化教室布置图

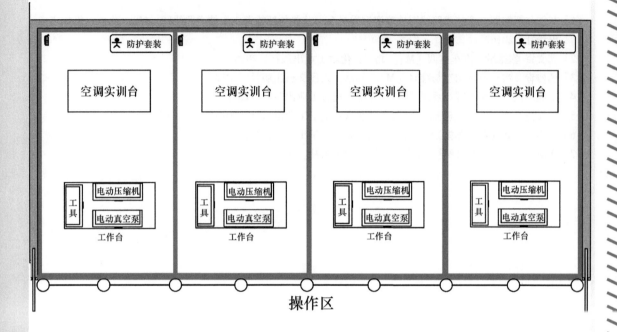

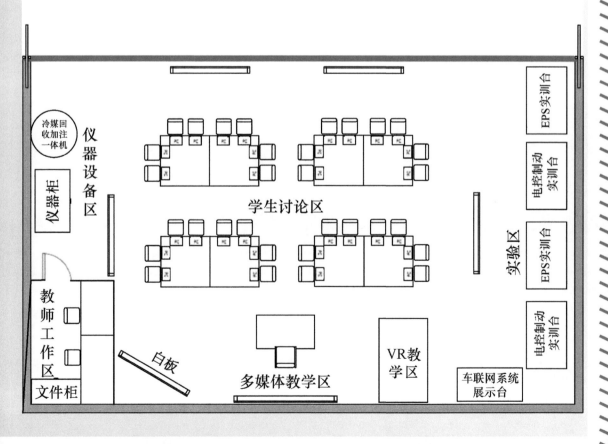

参 考 文 献

［1］节能与新能源汽车技术路线图战略咨询委员会. 节能与新能源汽车技术路线图 ［M］. 北京：机械工业
出版社，2016.

［2］龚文资 陈振斌. 汽车空调 ［M］. 北京：化学工业出版社，2016.

［3］杨柳青. 汽车空调构造与维修 ［M］. 北京：人民交通出版社，2017.

［4］王健. 汽车空调与暖风系统 ［M］. 北京：机械工业出版社，2017.

［5］解文博. 汽车空调原理与维修 ［M］. 北京：电子工业出版社，2016.

［6］崔胜民. 新能源汽车概论 ［M］. 北京：北京大学出版社，2015.

［7］徐斌. 新能源汽车 ［M］. 北京：人民交通出版社，2015.